런던에 온 걸 환영해.

런던은 기원전 47년경에 로마 병사들이 건설한
'론디니움(Londinium)'이라는 요새에서 시작되었어.
지금도 이때 만든 성벽을 볼 수 있단다.

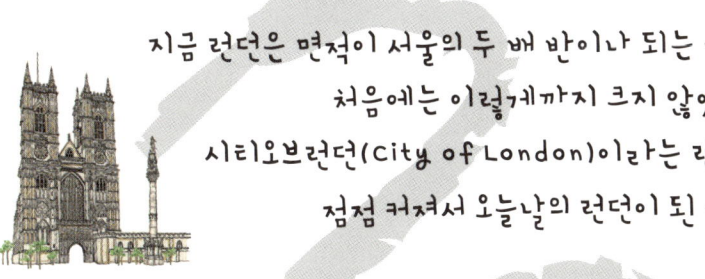

지금 런던은 면적이 서울의 두 배 반이나 되는 거대한 도시이지만,
처음에는 이렇게까지 크지 않았어.
시티오브런던(City of London)이라는 런던의 중심지가
점점 커져서 오늘날의 런던이 된 거지.

이처럼 거대한 런던 전체를 그레이터런던이라고 부르고,
가운데의 중심지를 센트럴런던이라고 따로 불러.

현대적인 건물과 고풍스러운 중세 시대의 건물이 어우러진 런던은
아주 멋진 도시야.
그럼 여행을 시작해 볼까?

런던
근대 민주주의가 탄생한 세계 정치의 중심

ⓒ 정유진·이양훈, 2023

종이책 2쇄 발행	2024년 9월 10일
전자책 발행일	2023년 10월 30일

지은이	정유진·이양훈
펴낸이	이성림
펴낸곳	성림북스

기획·편집	이양훈
디자인	네오이크

출판등록	2014년 9월 3일 제25100-2014-000054호
주 소	서울시 은평구 연서로3길 12-8, 502
전 화	02-356-5762
팩 스	02-356-5769
이메일	sunglimonebooks@naver.com

종이책 ISBN 979-11-88762-89-7 (74980)
　　　　　　979-11-88762-64-4 (set)
전자책 ISBN 979-11-93357-15-6(75920)

정가 18,900원

- 이 책의 판권은 지은이와 성림북스에 있습니다.
- 이 책의 내용 전부 또는 일부를 재사용하려면 반드시 양측의 서면 동의를 받아야 합니다.

우리 아이 교양을 키우는
세계 도시 여행 ❷

근대 민주주의가 탄생한
세계 정치의 중심

런던

정유진 그림 · 이양훈 글

성림주니어북

차례

영국과 잉글랜드는 달라	6
헉! 런던이 이렇게나 커?	8
우리가 가 볼 런던의 주요 지역	10
런던 탑과 타워브리지	12
런던의 심장, 시티오브런던	14
런던 대화재와 세인트 폴 대성당	16
맨션 하우스와 런던 박물관	18
캠던 구	20
영국 박물관	22
영국 정치의 중심, 시티오브웨스트민스터	24
버킹엄 궁전과 왕	26
영국의 입헌 군주제와 신사	28
웨스트민스터 사원과 다우닝가 10번지	30
웨스트민스터 궁전과 빅벤	32
내셔널 갤러리와 트라팔가르 광장	34
코벤트 가든과 소호	36
셜록 홈스와 왓슨	38

하이드 파크와 켄싱턴 가든	40
켄싱턴 궁전과 노팅 힐	42
런던 아이와 테이트모던	44
축구와 월드컵	46
런던의 명물들	48

영국과 런던을 조금 더 깊이 알아볼까?

    나라 이름이 왜 이렇게 복잡해? • 50 | 켈트족, 브리튼인 그리고 로마인 • 51 | 앵글로·색슨족과 잉글랜드 왕국의 탄생 • 52 | 잉글랜드의 덴마크 왕조 • 53 | 노르망디와 잉글랜드의 노르만 왕조 • 53 | 중세 유럽의 봉건제 • 54 | 프랑스 안의 잉글랜드 영토가 점점 커지다 • 55 | 의회 민주주의 길을 연 대헌장, 마그나 카르타 • 56 | 대헌장과 의회 민주주의 • 57 | 잉글랜드 최초의 의회가 문을 열다 • 58 | 잉글랜드와 프랑스의 백 년 전쟁 • 58 | 장미 전쟁과 튜더 왕조 • 59 | 튜더 왕조의 절대 군주 시대 • 60 | 권리 청원과 청교도 혁명 • 62 | 명예혁명과 권리장전 • 63 | 근대 민주주의를 연 영국의 힘 • 64 | 아일랜드와 북아일랜드 그리고 영국 • 65

런던 여행을 마치며   66

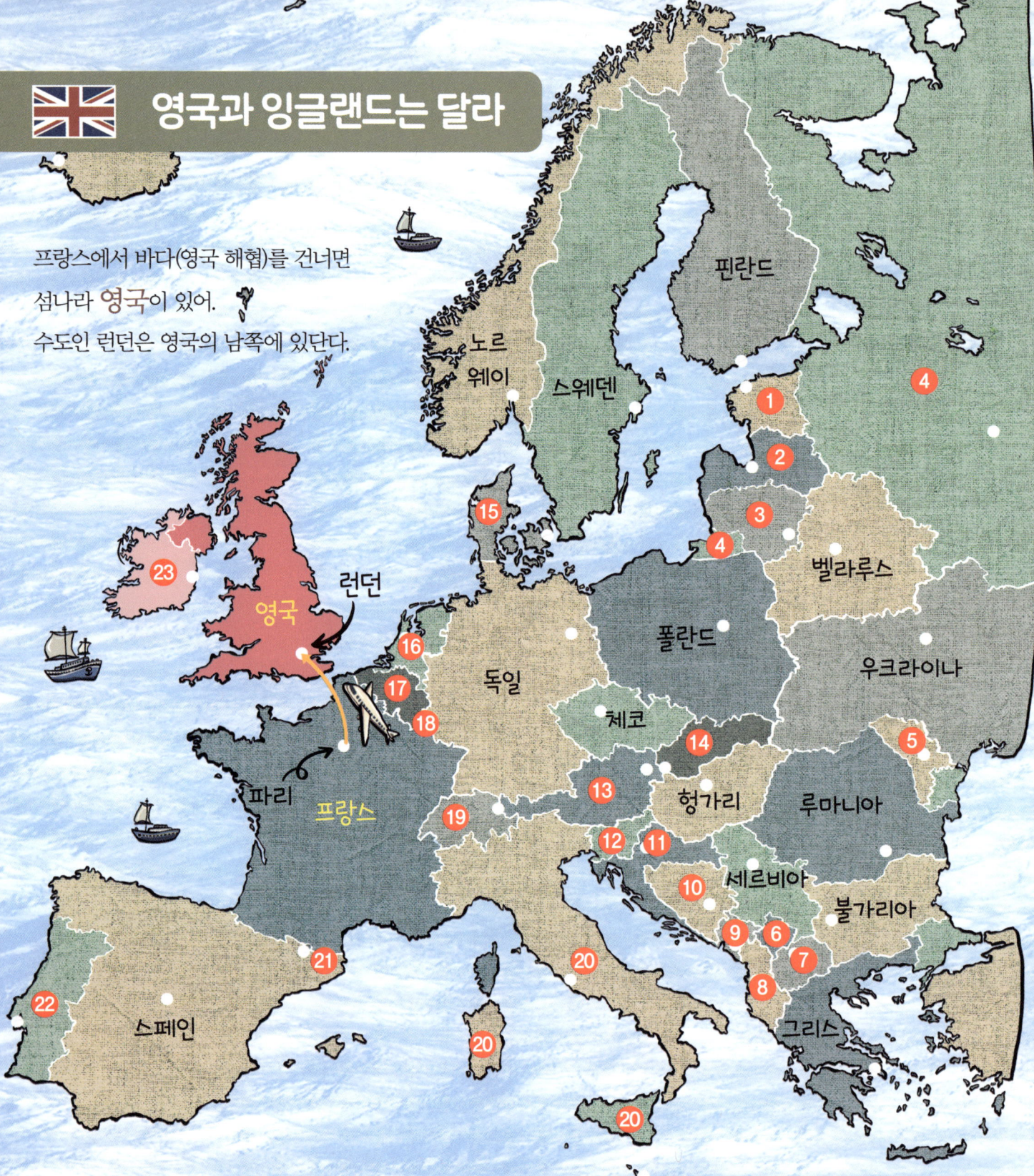

지금 보고 있는 건 **브리튼 제도**야.
'제도'는 수많은 섬이 모여 있는
일정한 지역을 가리키는 말이야.

브리튼 제도에서 스코틀랜드와 잉글랜드, 웨일스가 있는 큰 섬을 그레이트브리튼이라고 해.
여기에 북아일랜드를 합치면 그게 바로 '영국(United Kingdom)'이야. 아일랜드는 다른 나라야.
그러니까 영국은 스코틀랜드와 북아일랜드, 잉글랜드, 웨일스가 합쳐진 나라야.

헉! 런던이 이렇게나 커?

런던은 모두 33개의 자치구로 이루어져 있고 템스강이 구불구불 가로지르고 있어. 바깥쪽에 짙은 색으로 표시한 지역을 **아우터런던**^{Outer London}이라고 하고, 안쪽을 **이너런던**^{Inner London}이라고 해. 이 가운데 시티오브런던과 시티오브웨스트민스터는 역사가 오래되고 주요 관공서가 많아서 특별히 '시(市)'로 인정하고 있어.

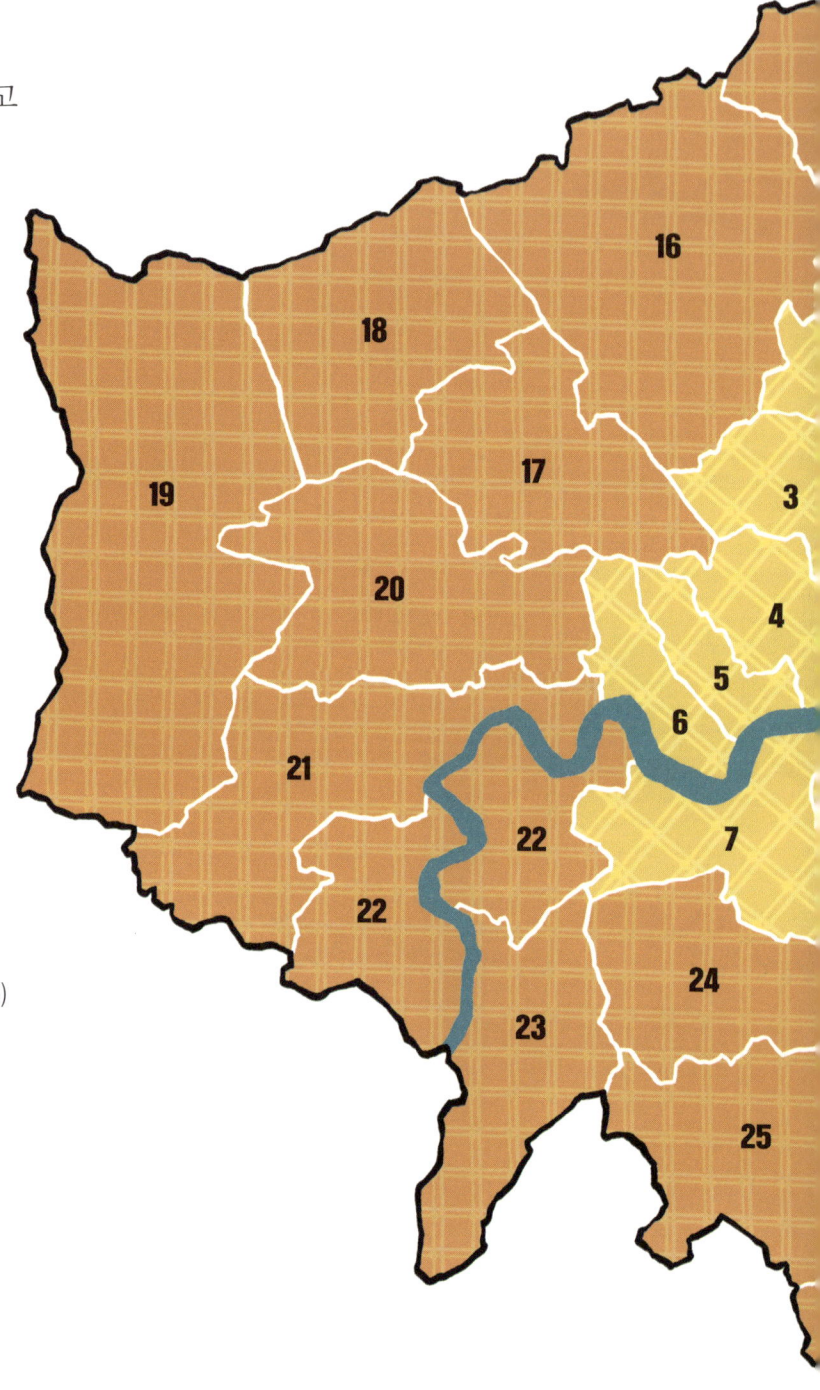

1. 시티오브런던(City of London)
2. 이즐링턴(Islington)
3. 캠던(Camden)
4. 시티오브웨스트민스터(City of Westminster)
5. 켄싱턴 앤 첼시(Kensington and Chelsea)
6. 해머스미스 앤 풀럼(Hammersmith and Fulham)
7. 원즈워스(Wandsworth)
8. 램버스(Lambeth)
9. 서더크(Southwark)
10. 루이셤(Lewisham)
11. 뉴엄(Newham)
12. 타워햄리츠(Tower Hamlets)
13. 해크니(Hackney)
14. 해링게이(Haringey)
15. 엔필드(Enfield)
16. 바닛(Barnet)
17. 브렌트(Brent)

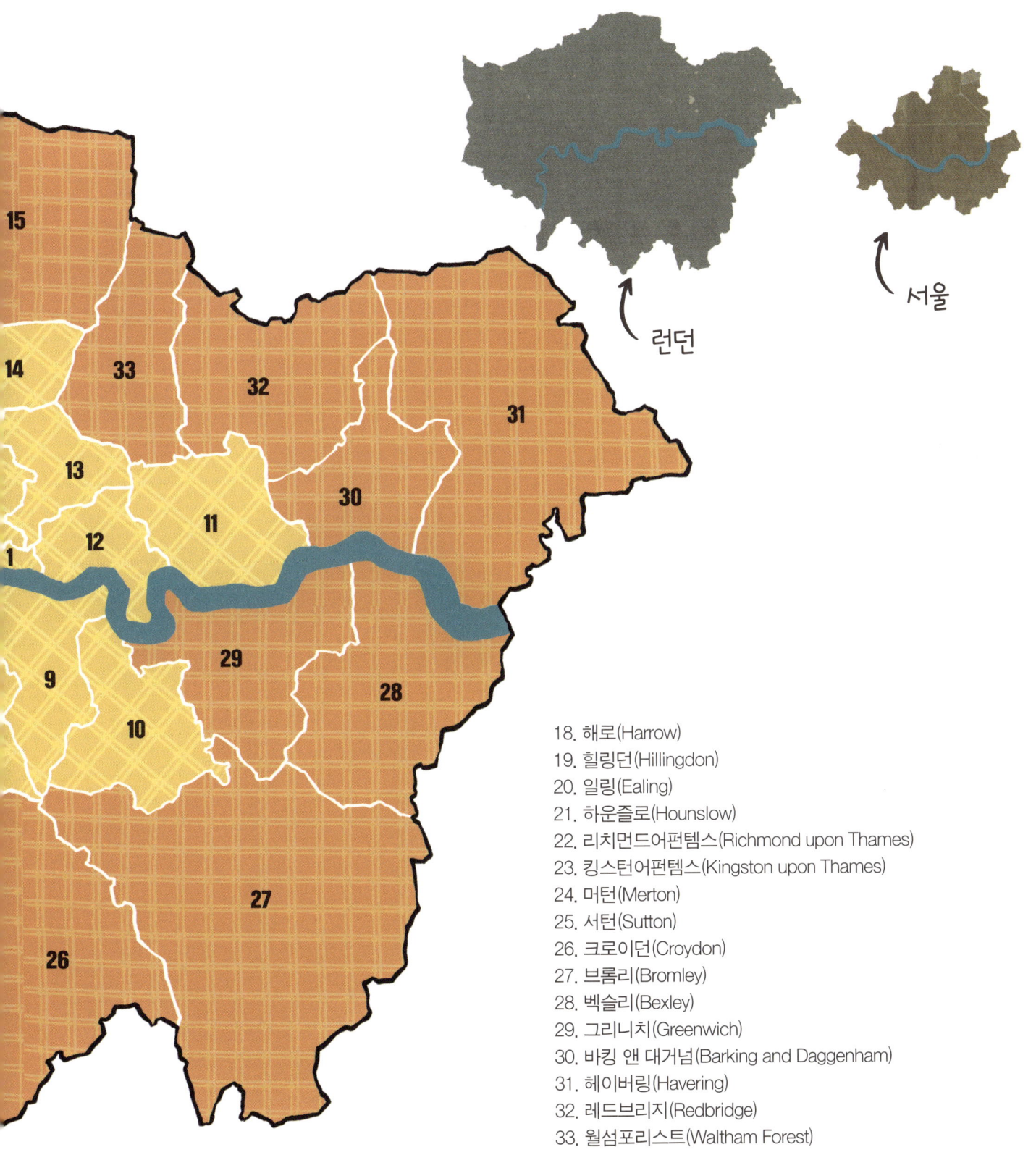

런던

서울

18. 해로(Harrow)
19. 힐링던(Hillingdon)
20. 일링(Ealing)
21. 하운즐로(Hounslow)
22. 리치먼드어펀템스(Richmond upon Thames)
23. 킹스턴어펀템스(Kingston upon Thames)
24. 머턴(Merton)
25. 서턴(Sutton)
26. 크로이던(Croydon)
27. 브롬리(Bromley)
28. 벡슬리(Bexley)
29. 그리니치(Greenwich)
30. 바킹 앤 대거넘(Barking and Daggenham)
31. 헤이버링(Havering)
32. 레드브리지(Redbridge)
33. 월섬포리스트(Waltham Forest)

우리가 가 볼 런던의 주요 지역

런던은 워낙 크기 때문에
다 둘러볼 수가 없어.
그래서 템스강 주변의
몇몇 중요한 지역만 가 볼 거야.

우리도 소개해 줘!

런던 탑과 타워브리지

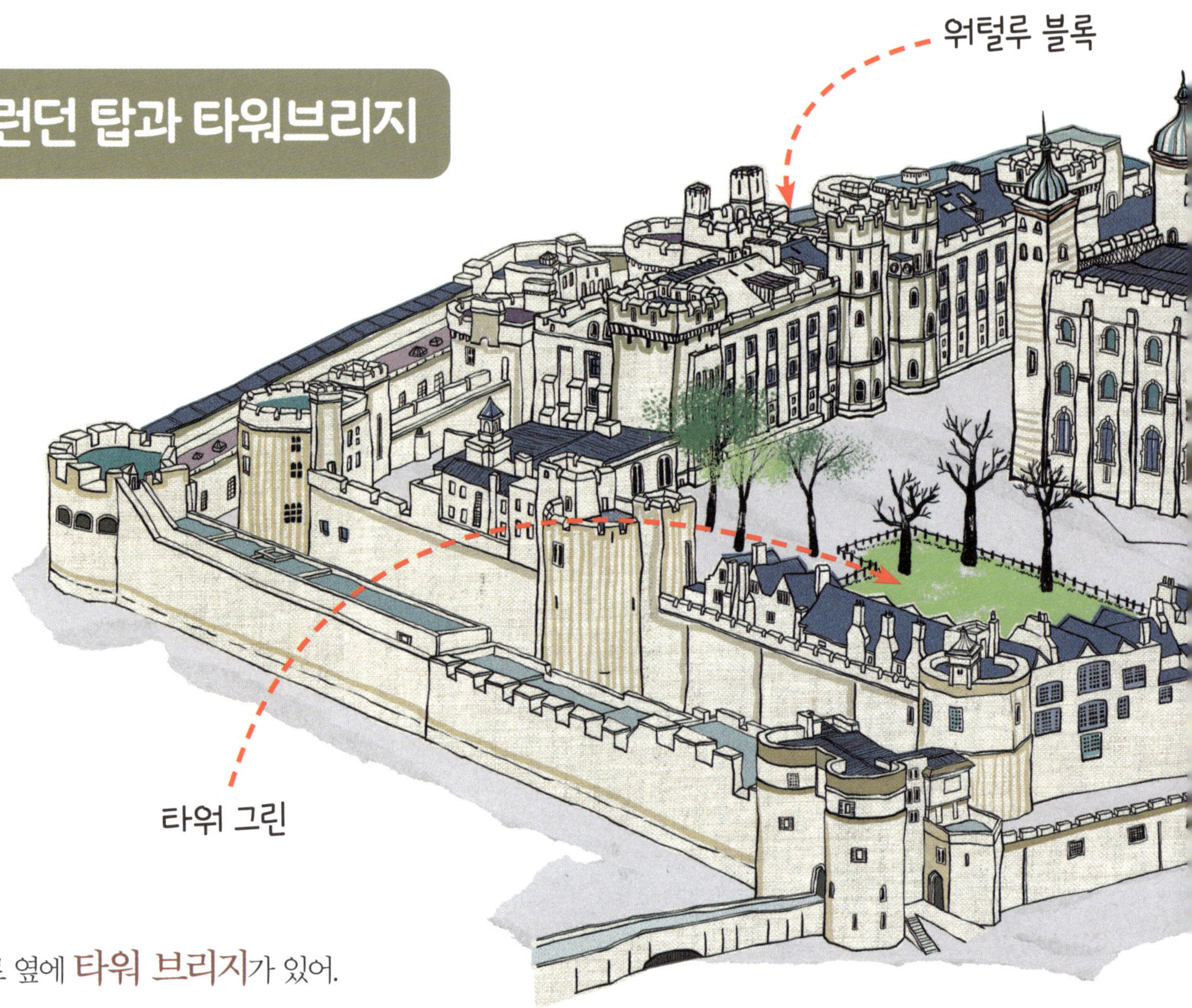

워털루 블록

타워 그린

런던 탑 바로 옆에 **타워 브리지**가 있어.
템스강을 가로지는 여러 다리 가운데 하나야.
큰 배가 지나갈 때는 가운데 부분이 위로 올라간단다.

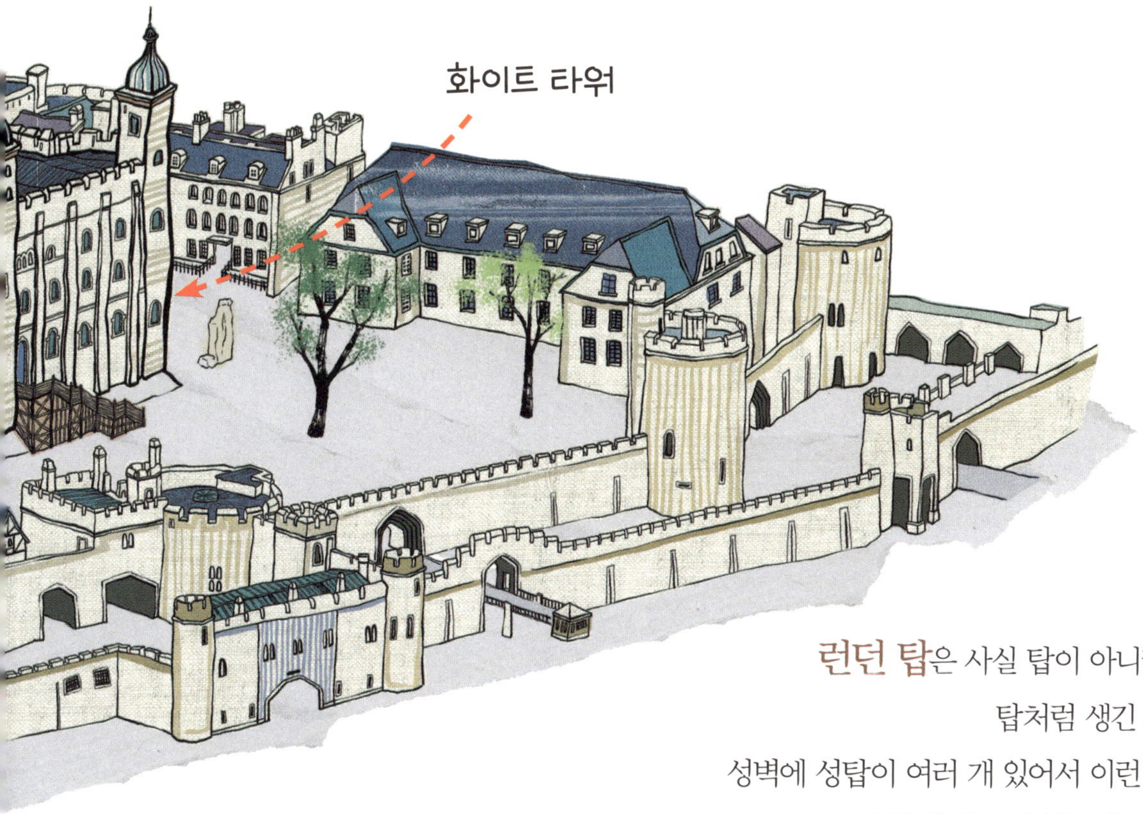

화이트 타워

런던 탑은 사실 탑이 아니라 궁성 요새야.
탑처럼 생긴 건물들이 있고,
성벽에 성탑이 여러 개 있어서 이런 이름이 붙었어.
중간의 화이트 타워는 왕의 집무실이었어.
타워 그린이라는 정원에서는 죄인을 처형했지.
워털루 블록은 '크라운 주얼리(Crown Jewels)'라고도 부르는데,
530캐럿짜리 다이아몬드와 왕관을 비롯한 왕실의 갖가지 보물을 전시하고 있어.
과거에는 성벽을 방어용 연못인 해자가 둘러싸고 있었지만, 지금은 잔디밭이 있어.

런던 탑 부근과 시티오브런던의 곳곳에서 볼 수 있는 **런던 월**이야.
로마 병사들이 시티오브런던에 건설한
요새의 성벽 일부가 아직 남아 있는 거야.

런던의 심장, 시티오브런던

시티오브런던 City of London 은 오늘날 서울의 2.5배만큼이나 커진 그레이터런던의 출발점이야. 로마 병사들이 세운 성벽 요새인 론디니움과 위치가 거의 일치해. 영국의 금융 중심지이기 때문에 은행이 엄청나게 많아. 세인트 폴 대성당, 런던 박물관, 핀즈베리 서커스, 30 세인트 메리 액스 등의 건물이 유명하단다.

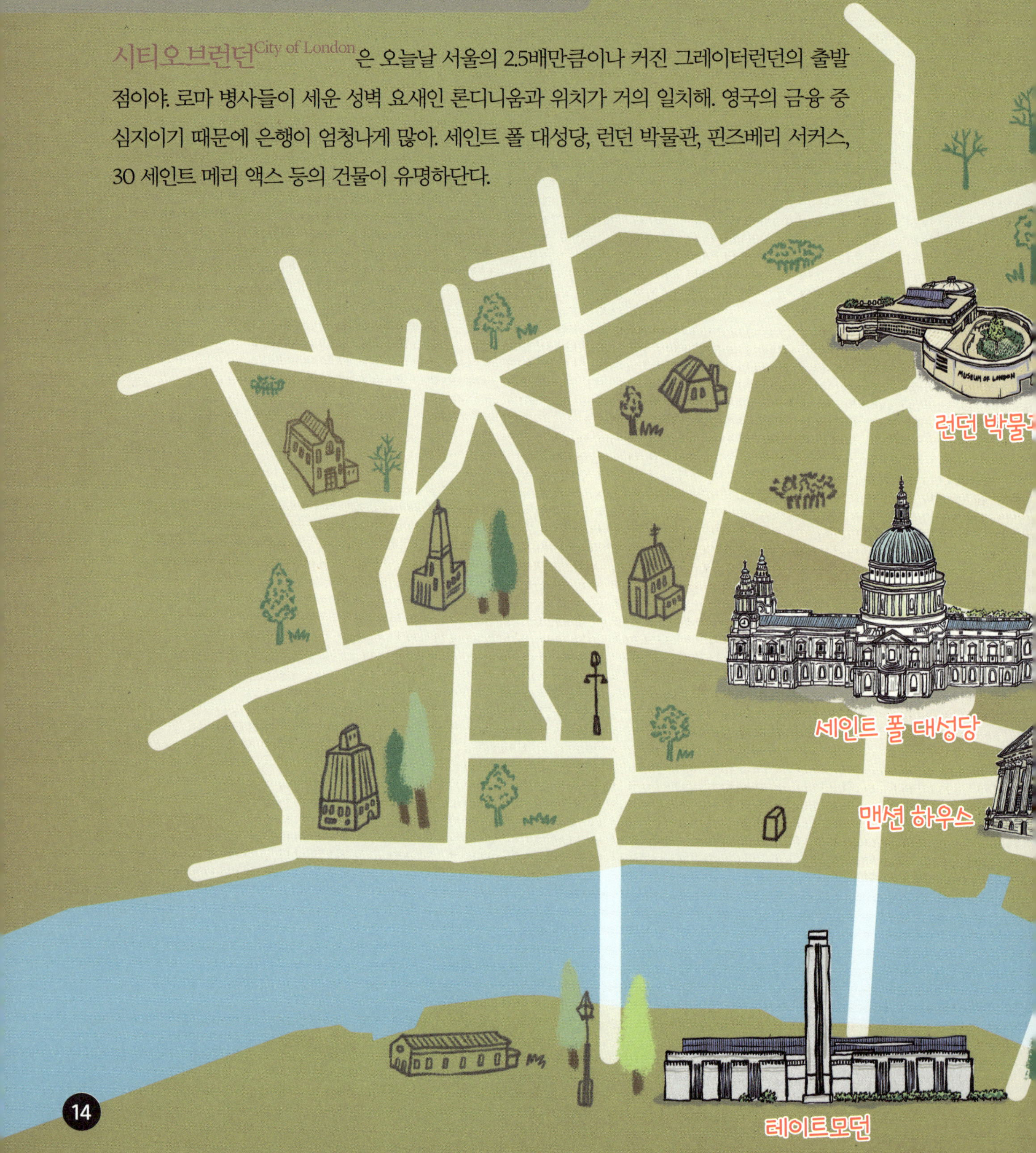

런던 박물관

세인트 폴 대성당

맨션 하우스

테이트모던

런던 대화재와 세인트 폴 대성당

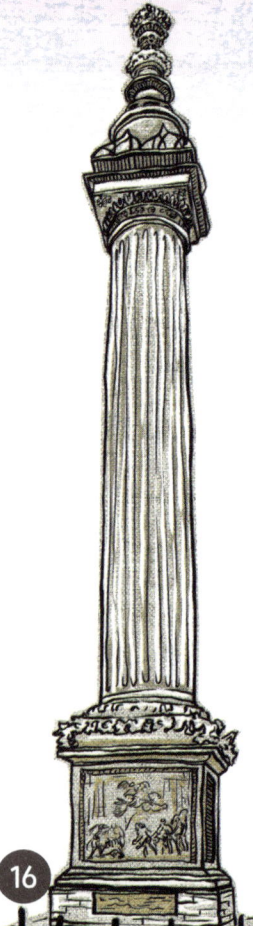

1666년 9월 2일, 런던 다리 부근 왕실의 빵을 만드는 공장에서 불이 났어.
마침 동쪽에서 불어온 거센 바람을 타고 화재가 빠른 속도로 번졌어.
9월 6일까지 닷새 동안 이어진 화재로 인해
세인트 폴 대성당을 비롯한 87개의 교회와 13,000여 채의 집이 불탔어.
인류 역사에 기억되는 3대 화재가 있는데, 로마 대화재(64년),
도쿄 대화재(1657년)와 **런던 대화재**야.

런던 대화재 기념탑

런던 대화재가 시작된 빵 공장이 있던 자리 부근에 세운 기념탑이야.
1677년에 지었어. 탑 안의 나선형 계단을 타고 올라가면
꼭대기의 전망대에 갈 수 있어.

세인트 폴 대성당

604년에 지어진 세인트 폴 대성당은
런던 대화재 때 불탄 뒤
1675년에 다시 짓기 시작해서
1710년에 완공했어.
이곳에서는 영국 왕실의 결혼식이나
장례식 등 국가 행사가 치러지고는 해.

맨션 하우스와 런던 박물관

맨션 하우스는 시티오브런던의 시장이 머무르는 공관이야. 런던에는 두 명의 시장이 있어. 한 사람은 런던 전체의 시장(Mayor of London)이고, 한 사람은 일종의 명예직인 시티오브런던의 시장(Lord Mayor of London)이야.

1982년 템스강의 강둑에서 발견된 13세기의 **나무로 만든 벽**이야. 템스강의 물이 넘어오지 않도록 한 둑이지.

세인트 폴 대성당에서 북쪽으로 가면 **런던 박물관**이 나와.
이곳에는 런던의 선사 시대부터 현대까지의 역사를 보여 주는 많은 유물이 있어.

시티오브런던의 **시장이 타고 다니던 마차**야.
아주 화려하지 않니?

켄우드 하우스는 햄스테드 히스의 북쪽 경계에 있는 저택이야. 지금은 미술관으로 쓰이고 있어. 영화 '노팅 힐'에서 남자 주인공인 영국 남자 대커(휴 그랜트)가 미국의 영화배우인 스콧(줄리아 로버츠)을 찾아가는 장면에 등장해.

1826년 영국의 국교인 성공회와 대립한 사람들이 유니버시티 칼리지 런던(UCL)을 세웠지만, 왕은 이 학교를 인정하지 않았어. 그러자 UCL 역시 1829년 성공회가 세운 킹스 칼리지가 왕의 인가를 받는 것을 방해했어. **런던 대학교**University of London는 두 학교의 갈등을 해소하기 위해 설립했어. 런던 대학교에서 시험을 치르고 합격하면, 두 학교의 학위를 수여하기로 한 거야. 현재 런던 대학교에는 17개의 대학교와 10개의 연구 기관이 소속되어 있어. 그러니까 런던 대학교는 많은 대학교와 연구 기관의 연합체인 거야.

영국 박물관

영국 박물관은 세계 3대 박물관 중 하나야. 선사 시대부터 현대에 이르는 수많은 유물을 전시하고 있어. 처음에는 한스 슬론이라는 귀족의 개인 소장품을 몬태규 후작의 저택에 전시하면서 출발했는데, 왕실을 비롯한 여러 기관의 유물이 한 곳에 모이면서 공간이 점점 커졌고, 오늘날의 영국 박물관이 되었어. 영국이 전 세계의 수많은 유물을 갖게 된 것은 아시아와 아프리카에 식민지를 많이 두었기 때문이야.

로제타석은 기원전 196년 이집트 왕 프톨레마이오스 5세를 위해 세운 비석이야. 이집트 문자와 그리스 문자가 같이 새겨져 있어서 이집트의 고대 문자를 해석하는 중요한 자료가 되었어.

영국 박물관 안에 있는 **그레이트 코트**^{the Great Court}야. '커다란 뜰'이라는 뜻이지. 편의 시설이 갖추어져 있고, 이곳을 중심으로 사방에 유물 전시관이 있어. 천장의 모양이 참 아름답지?

바빌론의 왕 네부카드네자르 2세가 세운 성벽을 이룬 장식이야.

이스터섬의 불가사의한 **모아이 석상**도 있어.

영국 정치의 중심, 시티오브웨스트민스터

내셔널 갤러리

세인트 제임스 궁전

다우닝가 10번지

캠던 구의 남쪽, 시티오브런던의 서쪽에 있는 **시티오브웨스트민스터**는 영국 정치의 중심지야. 왕이 사는 버킹엄 궁전과 영국 총리의 관저인 다우닝가 10번지 등이 있어. 버킹엄 궁전 주변은 공원이 감싸고 있어서 휴식 공간으로도 아주 좋아.

웨스트민스터 사원

버킹엄 궁전과 왕

영국에는 왕이 있어. 하지만 왕이 영국을 다스리지는 않아. 국가의 실질적인 최고 지도자는 국회 의원의 대표인 총리야. 그래도 왕과 왕실의 가족은 국민으로부터 존경을 받고, 막강한 권력을 갖고 있어. 50년 동안 영국의 여왕이었던 **엘리자베스 2세**는 2022년 9월 8일에 세상을 떠나고, 지금은 아들인 **찰스 2세**가 왕으로 있어.

버킹엄 궁전은 1703년에 지었어. 1837년에 빅토리아 여왕이 이곳에 살기 시작하면서 왕실의 공식 궁전이 되었어. 런던에 있는 여러 궁전의 대표라고 할 수 있어.

영국 궁전을 지키는 **왕실 근위병**들은 특이한 모자를 쓰고 있어. 이 모자는 전쟁 때 적군에게 키가 크고 무섭게 보이기 위해 쓴 것인데 곰의 털로 만들었다고 해. 모자가 무겁고 공기가 잘 안 통해서 근위병들도 힘들어 해.

영국의 입헌 군주제와 신사

영국은 1689년에 **입헌 군주제**를 도입했어. 귀족과 평민으로 구성된 의회가 법을 만들고 세금을 부과하는 권리를 왕으로부터 빼앗은 거야. 입헌 군주제란 '군주'인 왕의 권한을 헌법으로 제한하고, 실질적인 정치는 국민의 대표인 의회가 하는 정치 체제야. **왕**은 상징적인 국가의 우두머리이고 자신의 혈육에게 왕권을 물려줄 수 있지만, 직접 나라를 통치하지는 않는 거지. 입헌 군주제를 도입한 다른 나라로는 우리의 이웃인 일본을 비롯해서 네덜란드, 스웨덴, 덴마크, 노르웨이, 스페인, 모나코, 말레이시아, 요르단 등이 있어.

왕의 권력이 강하던 시대에는 사회 신분이 4가지로 나뉘었어. 왕이 제일 위에 있고, 그 아래에 작위를 받은 **귀족**이 있었어. 귀족에도 등급이 있어서 공작-후작-백작-자작-남작으로 나뉘었어.

귀족 아래에는 **기사**가 있었어. 이들 대부분은 창과 검을 다루는 군인이야. 귀족에게서 영지를 받아 다스렸고, 귀족에게 충성했어. 하지만 무기가 발달하여 총과 대포가 발명되면서 창검을 쓰는 기사는 차츰 사라졌어.

가장 낮은 계층이 **평민**이었는데, 그중에서 **농노**가 가장 낮았어. 농노는 귀족이나 기사의 영지에서 농사일을 비롯한 노동을 하고 세금을 내면서 아주 힘겹게 살았어.

산업이 발전하고 시장이 발달하면서 돈을 많이 가진 사람들의 신분이 상승했어. 이들을 '**젠트리**gentry'라고 하는데, 일반 평민과 귀족 사이의 계층이었어. 이들을 '서민 귀족'이라고도 해. 젠트리라는 말에서 **신사**를 뜻하는 젠틀맨(gentleman)이라는 말이 나왔어.

웨스트민스터 사원과 다우닝가 10번지

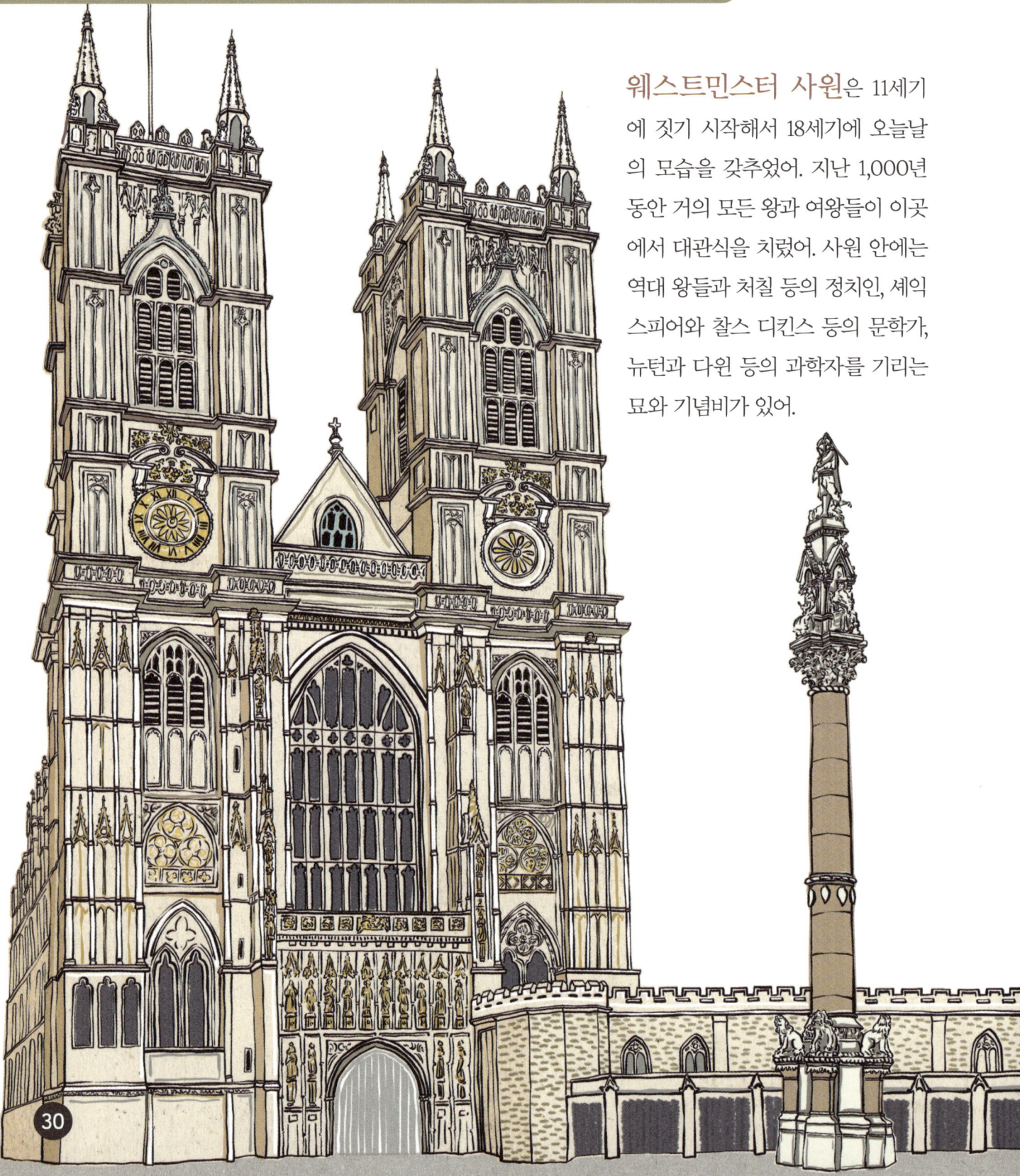

웨스트민스터 사원은 11세기에 짓기 시작해서 18세기에 오늘날의 모습을 갖추었어. 지난 1,000년 동안 거의 모든 왕과 여왕들이 이곳에서 대관식을 치렀어. 사원 안에는 역대 왕들과 처칠 등의 정치인, 셰익스피어와 찰스 디킨스 등의 문학가, 뉴턴과 다윈 등의 과학자를 기리는 묘와 기념비가 있어.

다우닝가 10번지는 영국 총리(수상)의 관저야. 관저는 고위 공무원과 그의 가족이 살면서 일을 하는 집을 일컬어. 이름에서 알 수 있듯이 집이 있는 주소를 그냥 저택의 이름으로 했어.

세 채의 집을 하나로 합쳐서 거대한 저택이 되었고, 방이 100개가 넘어. 3층은 총리와 그의 가족이 살고, 지하층에는 조리실(주방)이 있어. 1층과 2층에는 총리의 집무실과 회의실, 만찬실, 접견실 등이 있어.

웨스트민스터 궁전과 빅벤

웨스트민스터 사원에서 동쪽으로 가면 템스 강변에 **웨스트민스터 궁전**이 나와. 남북으로 뻗어 있는 아주 크고 긴 건물이야. 이곳은 원래 왕과 그의 가족들이 살던 궁전이었어. 지금은 영국 국회 의원들이 회의를 하고 의결을 하는 국회의사당으로 쓰이고 있어. 의회가 열릴 때는 웨스트민스터 궁전에서 가장 높은 **빅토리아 타워**에 영국 국기(유니언 잭)가 걸려.

빅토리아 타워

웨스트민스터 궁전 북쪽에는 **빅벤**^{Big Ben}이라는 커다란 시계탑이 있어. 사각형의 네 면에 모두 시계가 설치되어 있지. 이 시계들은 처음 작동을 시작한 뒤로 한 번도 멈춘 적이 없대. 런던을 상징하는 여러 건물이 있지만, 그중에서도 런던 시민들은 빅벤을 가장 좋아한다고 해.

빅벤

 # 내셔널 갤러리와 트라팔가르 광장

내셔널 갤러리

프랑스의 나폴레옹이 유럽을 정복하기 위한 전쟁을 벌였을 때, 프랑스·스페인 연합 함대와 넬슨 제독이 이끈 영국 함대가 스페인의 트라팔가르 앞바다에서 맞붙었어. 이 트라팔가르 해전에서 이김으로써 영국은 해상 강국으로 발돋움할 수 있었지. 반면에 나폴레옹은 영국을 정복하려던 욕심을 버려야 했어. **트라팔가르 광장**에 높이 솟구친 탑의 꼭대기에는 넬슨 제독의 조각상이 서 있어. 탑 맞은편에는 **내셔널 갤러리**가 있는데, 이곳은 중세 시대부터 르네상스를 거쳐 17세기에 이르는 유명 화가들의 작품을 전시하는 영국 최고의 미술관이야.

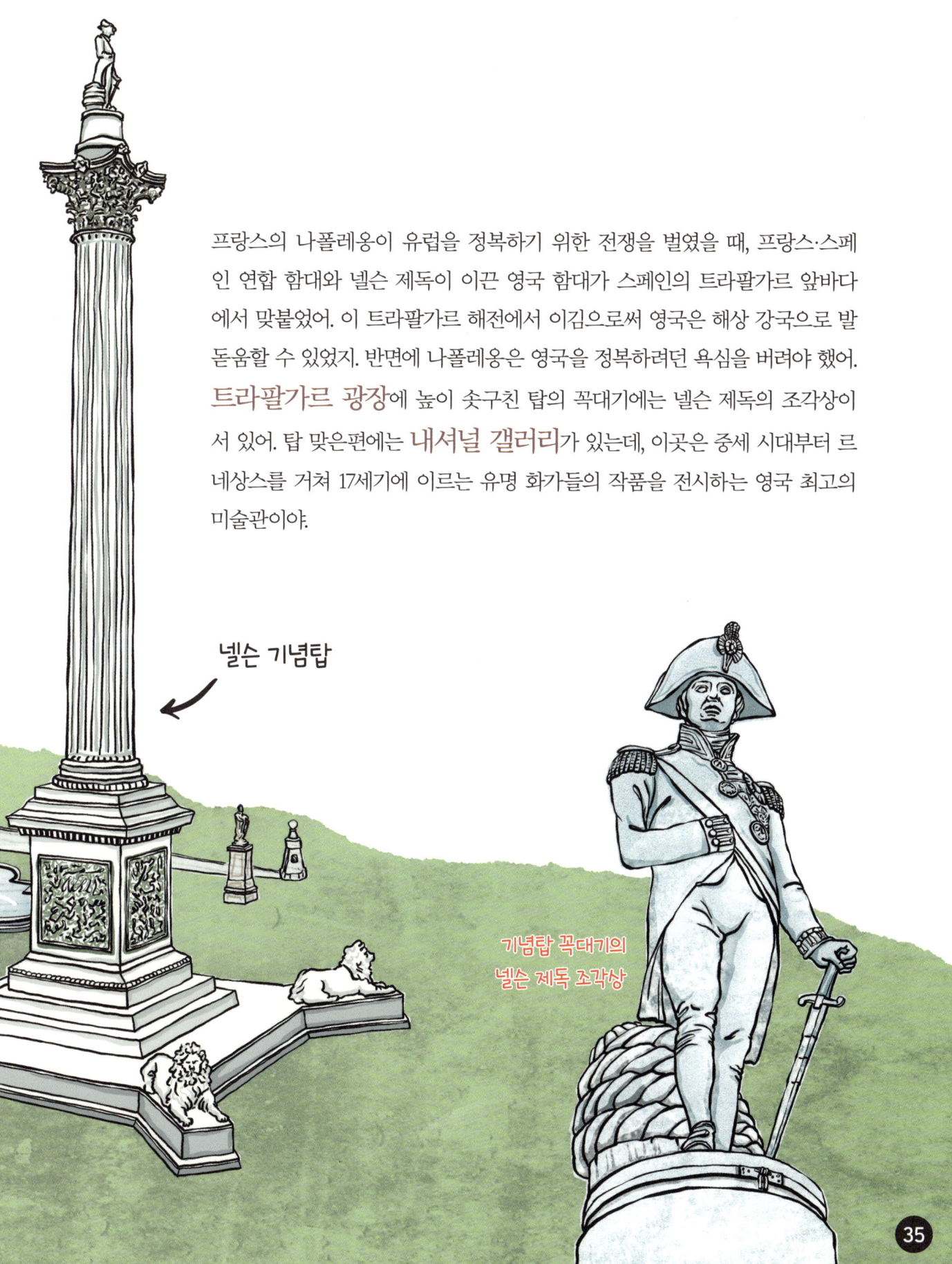

넬슨 기념탑

기념탑 꼭대기의 넬슨 제독 조각상

🇬🇧 코벤트 가든과 소호

트라팔가르 광장에서 북쪽으로 조금만 가면 **코벤트 가든**이 나와. 런던 사람과 문화, 활기찬 시장의 분위기를 느끼고 싶다면 꼭 이곳에 가 봐야 해. 원래 이곳은 수도원에서 농사를 짓는 땅이었는데, 이후에 영국 최대의 청과물 시장이 형성되어서 '런던의 식량 창고'라고 불리기도 했어. 쇼핑과 거리 공연을 즐길 수 있고, 곳곳에 오페라 극장과 박물관이 있어서 볼거리가 풍성해.

코벤트 가든에서 서쪽으로 가면 **소호 지역**이 있어. 코벤트 가든이 시장을 중심으로 형성된 반면 소호는 작은 카페와 식당, 아기자기한 상점들이 늘어서 있어서 아늑한 분위기를 풍겨. 특히 카너비 거리가 유명해.

셜록 홈스와 왓슨

소호 지역에서 북서쪽으로 가면 리젠츠 공원이 나오고, 그 부근에 **셜록 홈스 박물관**이 있어. 코난 도일이 쓴 추리 소설의 주인공 셜록 홈스는 세계에서 가장 유명한 탐정이야. 의사인 **왓슨**과 짝을 이루어서 엄청난 활약을 펼쳤지. 소설 속에서 홈스는 런던의 베이커가에서 살고 있는데, 실제로 베이커 거리에 셜록 홈스 박물관이 있어.

셜록 홈스 박물관 안에는 셜록 홈스의 방을 그대로 재현해 놓았어. 홈스가 쓰고 다니는 특이한 모양의 모자와, 고민이 있을 때면 연주하는 바이올린 그리고 수사에 필요한 돋보기 등의 도구가 놓여 있어. 박물관의 가게에서 기념품을 살 수도 있어.

하이드 파크와 켄싱턴 가든

랭커스터 게이트

켄싱턴 가든

켄싱턴 궁전

로열 앨버트 홀

셜록 홈스 박물관에서 즐거운 시간을 보냈다면, 그곳에서 남쪽으로 걸어서 **하이드 파크와 켄싱턴 가든**이라는 커다란 공원에 가 봐. 숲과 조각상, 커다란 연못이 있는 아주 아름다운 곳이야. 켄싱턴 가든의 서쪽 끝에는 켄싱턴 궁전이 있어. 이곳부터는 시티오브웨스트민스터가 아니라, 또 다른 자치구인 **켄싱턴 앤 첼시** Kensington & Chelsea 야.

켄싱턴 궁전과 노팅 힐

켄싱턴 가든 서쪽 끄트머리에 있는 궁전이야. 지금도 영국 왕실의 사람들이 살고 있고, 1997년까지 찰스 황태자의 전 부인인 다이애너 비의 공식적인 거처이기도 했어. **켄싱턴 궁전**에서는 유난히 사건과 사고가 많이 일어나서 왕실 사람들에게는 꺼림칙한 장소이기도 해.

켄싱턴 앤 첼시 지역에는 여러 가지 볼거리가 있지만, **노팅 힐**이라는 곳을 소개하지 않을 수 없어. 내가 좋아하는 영화 '노팅 힐'의 무대여서 많은 사람이 방문하거든. 8월에 열리는 **노팅 힐 카니발**은 카리브해 지역 이민자들이 시작한 축제인데, 해마다 200만 명 이상이 찾아와.

런던 아이와 테이트모던

빅벤 바로 앞에 있는 웨스트민스터 다리를 건너서 북쪽으로 가면 **램버스**^{Lambeth}라는 자치구의 템스강변에 커다란 대관람차가 있어. 1999년에 세운 이 대관람차의 이름은 **런던 아이**_{London Eye}. 높이가 135미터인 꼭대기에 이르면 런던 시내를 한눈에 볼 수 있기 때문에 이런 이름이 붙었나 봐. 모두 32개의 캡슐이 달려 있는데, 캡슐 하나에 25명이 탈 수 있어.

날씨가 좋은 날에는 런던 아이의 가장 높은 곳에서 멀리 40킬로미터까지 내다볼 수 있대. 런던 아이가 한 바퀴 도는 데 걸리는 시간은 30분이야. 현기증이 나더라도 꾹 참으면 아주 멋진 풍경을 선물로 받을 수 있을 거야.

시티오브런던 맞은편에 있는 **서더크**^{Southwark} 자치구의 강변에 있는 **테이트모던**은 영국을 대표하는 현대 미술관이야. 원래 이곳은 화력 발전소였는데, 공해 문제로 화력 발전소가 이전하면서 남겨진 건물을 미술관으로 바꾸었어. 연기가 뿜어져 나오던 99미터 높이의 굴뚝은 이제 등대처럼 조명을 설치해서 밤이면 아름답게 빛나. 바로 앞의 밀레니엄 다리를 건너서 곧장 가면 세인트 폴 대성당이 나온단다.

축구와 월드컵

영국 하면 빼놓을 수 없는 것이 축구야. 축구를 가장 먼저 시작한 나라가 바로 영국이거든. 특히 런던 사람들의 축구 사랑은 엄청나. 런던을 연고지로 하는 프로 축구팀이 무려 18개야. 세계 최고의 축구 리그인 영국 **프리미어 리그**에서 뛰는 20팀 중에 6팀이 런던에 속해 있어.

그런데 혹시 월드컵 경기를 보면서 이상한 점을 발견하지 못했니? 영국의 한 지방인 잉글랜드와 스코틀랜드, 웨일스, 북아일랜드가 각각 월드컵에 출전하잖아. 영국이 축구의 종주국이어서 특별 대우를 하는 걸까? 사실은 그게 아니야. **피파 월드컵**은 국가 대항전이 아니라 축구 협회 간의 대항전이야. 대부분의 나라에는 하나의 축구 협회만 있는데, 영국은 각 지방마다 독립된 축구 협회가 있어서 4개의 팀이 출전하게 된 거야. 그래서 국가 대항전인 올림픽에는 '영국' 한 팀으로 출전을 해.

세계 최고의 프로 축구 리그인 프리미어 리그에서는 우리나라의 **손흥민** 선수가 뛰고 있어. 소속팀 토트넘 훗스퍼에서 가장 중요한 역할을 맡고 있지. 그래서 토트넘 훗스퍼가 속해 있는 런던의 북쪽 지역 사람들은 손흥민을 아주 좋아해.

런던의 명물들

빨간색 공중전화 부스

런던을 상징하는 물건 중 하나가 빨간색 공중전화 부스야.
휴대폰이 보급되면서 사용하는 사람이 많이 줄었지만,
런던은 이 공중전화 부스를 다른 용도로 활용하고 있어.
휴대폰을 충전하거나 간단한 사무기기가 있는
간이 사무실 등으로 만든 거야. 그래서 지금도 런던에 가면
빨간색 공중전화 부스를 볼 수 있어.

우산

비가 자주 내리기 때문에 런던을 여행할 때는 우산을
갖고 다녀야 해. 영국 신사들이 우산을 지팡이처럼
짚고 다니는 걸 자주 볼 수 있는데, 이 역시
시시때때로 비가 내리기 때문이야.

2층 버스

빨간색 2층 버스 역시 런던의 명물이야.
1층짜리 버스를 보기 힘들 정도지.
버스의 2층에 앉아서 런던 시내를
구경하는 것도 아주 재밌어.

차

우리나라 사람들은 커피를 좋아하지만,
영국 사람들은 차를 엄청나게 자주 마셔.
많게는 하루에 6번이나 마시거든.
매일 차를 마시는 영국인이 63%나 돼.

피시 앤 칩스

피시 앤 칩스(fish and Chips)는 흰 살 생선과
감자를 기름에 튀긴 음식이야. 영국인들이 가장
즐겨 먹는 대표 음식이지.
런던을 돌아다니다 보면 피시 앤 칩스를 파는
식당과 푸드 트럭을 자주 볼 수 있어.

영국과 런던을 조금 더 깊이 알아볼까?

언어	영어
면적	242,495㎢ (한국 100,364㎢)
인구	약 6,820만 명 (한국 약 5,182만 명)
통화	파운드(GBP)
수도	런던

영국과 아일랜드 지도

나라 이름이 왜 이렇게 복잡해?

7페이지에서 영국을 구성하는 잉글랜드와 웨일스, 스코틀랜드, 북아일랜드를 알아보았어. 이 네 지역을 합친 나라가 영국이고, 영어로는 UK(United Kingdom)라고 표시해. '연합 왕국'이라는 뜻이야. 연합 왕국은 몇 개의 나라가 합쳐져서 하나의 왕국을 이루었다는 말이지. 옛날에는 잉글랜드와 웨일스, 스코틀랜드, 북아일랜드가 제각각 나라를 이루고 있었거든. 그런데 '왕국'이라니? 그래, 영국은 아직 왕이 존재하는 몇 안 되는 나라 중 하나야.

영국의 정식 명칭은 '그레이트브리튼과 북아일랜드 연합 왕국(The United Kingdom of Great Britain and Northern Ireland)'이야. 7페이지의 지도를 보면 영국의 정식 이름이 이렇게 길어진 이유를 알 수 있을 거야.

혹시 올림픽에 출전한 영국 선수들의 유니폼에 어떤 글자가 새겨져 있는지 본 적 있니? 우리나라 국가 대표 선수들의 유니폼에는 'KOR'이 적혀 있어. Korea(코리아)의 앞에 있는 알파벳 세 글자야. 이렇게 올림픽에 참가한 나라를 세 개의 알파벳으로 표시한 것을 'IOC 코드'라고 해. IOC는 올림픽

영국 대표 선수의 유니폼

고대 브리튼인을 묘사한 그림

위원회(International Olympic Committee)를 뜻해. 영국 국가 대표 선수들의 유니폼에는 'GBR'이 적혀 있단다.

GBR이 무슨 뜻일까? 그레이트브리튼(Great Britain)에서 G와 B와 R을 가져온 거야. 그런데 그레이트브리튼은 잉글랜드와 웨일스, 스코틀랜드를 말하는 거잖아? 왜 북아일랜드가 빠졌을까? 제1회 아테네 올림픽이 열린 1896년까지만 해도 북아일랜드가 영국에 완전히 속하지 않았기 때문이야. 지금은 왜 북아일랜드가 영국이지? 영국의 역사에 답이 있어.

켈트족, 브리튼인 그리고 로마인

영국인이 살고 있는 커다란 섬을 처음 브리튼(Britain)이라고 부른 사람은 옛날 그리스의 지리학자인 피테아스였어. 그는 기원전 330년부터 320년까지 프랑스(당시에는 갈리아) 북쪽 바다 건너에 있는 섬을 둘러보고 기록을 남겼는데, 이 기록에 처음으로 '브리튼'이라는 이름이 나타나. 그 섬에 살고 있던 사람들을 브리튼인(Britons)이라고 불렀거든.

그럼 브리튼인은 어떤 사람들일까? 오늘날의 프랑스와 독일 땅인 갈리아 지방에 흩어져 살던 켈트족(Celts)에서 갈라져 나온 민족이야. 켈트족의 일부가 바다를 건너서 브리튼인이 되었어. 브리튼인을 켈트족이라고 불러도 틀린 건 아냐.

기원전 55년, 당시 유럽을 지배하던 로마가 브리튼섬을 공격했어. 브리튼섬의 켈트족은 용감한 전사였지만, 문명과 기술이 발달한 로마의 강력한 군대를 막을 수는 없었어. 일부 켈트족은 험준한 산이 많은 웨일스와 스코틀랜드 지역으로 옮겨 가 로마에 계속 저항했어.

로마 군대는 브리튼섬 템스강 주변의 평평한 땅에 항구와 도시를 건설하고 로마로부터 전쟁에 필요한 무기와 군인을 배에 실어왔는데, 이 도시의 이름이 론디니움(Londinium)이었어. 론디니움? 어쩐지 이 이름이 익숙하지 않니? 맞아. 론디니움이 바로 오늘날 영국의 수도인 런던이 된 거야. 13페이지에 있는 '런던 월'이 이때 만들어진 거란다. 로마는 이때부터 5세기 초까지 웨일스와 스코틀랜드를 제외한 브리튼섬의 넓은 지역을 다스렸는데, 이 지역이 오늘날의 잉글랜드야. 로마는 잉글랜드의 북쪽 끝에 하드리아누스 성벽을 쌓아서 스코틀랜드의 침입을 막았어.

잉글랜드와 스코틀랜드의 경계인 하드리아누스 성벽

앵글로·색슨족의 주거지를 복원한 모양

앵글로·색슨족과 잉글랜드 왕국의 탄생

로마는 유럽 북동쪽에서 내려온 게르만족의 공격에 시달리면서 힘이 약해졌어. 그러다가 5세기 초에 이르러 로마는 커다란 위기에 처했어. 브리튼섬에 있던 로마 군대는 자기 나라를 지키기 위해 로마로 돌아가야 했어.

로마 군대가 물러갔으니, 잉글랜드 지역의 켈트족(브리튼인)은 기뻐했을까? 꼭 그렇지만은 않아. 브리튼섬의 켈트족은 로마의 지배를 받는 동안 로마에 세금을 내야 했지만, 로마의 발달한 문명을 받아들이면서 발전을 이룰 수 있었어. 그래서 훗날 영국의 위대한 지도자로 존경받는 윈스턴 처칠(Winston Churchill, 1874~1965)은 로마 군대가 브리튼섬에 상륙한 날을 두고 "영국 역사가 시작된 날"이라고 말했어. 로마로 인해 영국이 새롭게 출발할 수 있었다는 뜻이야.

뿐만 아니라 로마 군대가 빠져나가면서 브리튼섬은 주변 여러 민족의 먹잇감이 되었어. 역시나 스코틀랜드 지역의 픽트족(Picts)과 스코트족(Scots)이 쳐들어왔어. 스코트족은 로마 군대를 피해 스코틀랜드로 달아났던 켈트족과 아일랜드에서 건너온 민족이 합쳐진 민족이야. 픽트족은 스코틀랜드 지역에 원래부터 살던 원주민 민족이지. 브리튼인은 픽트족과 스코트족의 공격을 막아낼 힘이 없었어. 그래서 오늘날의 독일 북부와 덴마크 남부에 살고 있던 색슨족(Saxons)과 앵글족(Angles)에게 도움을 청했어. 이 두 민족은 전쟁을 좋아하는 야만적인 사람들이었어. 브리튼인들도 그런 사실을 알았지만, 픽트족과 스코트족의 공격을 막기 위해 어쩔 수 없는 선택을 한 거야.

하지만 그 일은 큰 실수였어. 척박한 자연 환경에서 어렵게 살아온 색슨족과 앵글족은 잉글랜드의 푸근하고 넓은 땅을 보고는 욕심을 품었어. 그래서 그들은 자신들에게 도움을 요청한 브리튼인을 몰아내고 잉글랜드 땅을 차지했어. 이렇게 잉글랜드를 차지한 민족을 지금은 앵글로·색슨족(Anglo-Saxons)이라고 불러. 이때부터 앵글로·색슨족은 자기네가 점령한 땅을 '잉글랜드'라고 부르기 시작했어. '앵글족의 땅'이라는 뜻이야. 앵글족이 색슨족보다 더 많은 땅을 차지했기 때문에 그렇게 불렀을 거야.

앵글로·색슨족은 잉글랜드에 여러 개의 왕국을 세웠어. 이들은 이후 400년 가까이 서로 싸우기도 하고 때로는 사이좋게 지내기도 했어. 그동안 브리튼의 앞선 문명과 기독교를 받아들이면서 그들은

영국 윈체스터에 있는 앨프레드 대왕 동상

노르망디 위치

잉글랜드인으로 거듭났어.

하지만 평화는 오래가지 않았어. 오늘날의 덴마크와 노르웨이, 스웨덴 지역에서 살던 무시무시한 바이킹족(Vikings)이 잉글랜드를 공격해 왔어. 힘든 시기에 영웅이 태어나는 법이지. 오늘날까지도 영국인으로부터 '대왕'으로 존경받는 앨프레드 왕이 바이킹의 공격에 맞섰어. 앨프레드 대왕은 잉글랜드 남쪽에 있던 웨식스라는 나라의 왕이었는데, 그는 앵글로·색슨족의 다른 왕국과 힘을 합쳐 바이킹족을 몰아냈어. 이 일로 여러 나라를 하나로 합친 잉글랜드 왕국이 탄생하게 돼.

잉글랜드를 공격했던 바이킹족은 어떻게 되었을까? 한동안 그들은 자기들끼리 전쟁을 치르느라 다른 곳에 신경을 쓰지 못했어. 그러다가 덴마크의 바이킹 왕국이 주변의 다른 바이킹족과의 전쟁을 끝낸 뒤에 다시 잉글랜드를 노렸어. 특별히 덴마크의 바이킹을 데인족(Danes)이라고 부르는데, 1016년 데인족의 크누트가 잉글랜드를 공격했어. 잉글랜드는 별다른 저항도 못한 채 크누트에게 왕관을 넘겼어. 이로써 1016년부터 1066년까지 잉글랜드는 데인족 왕이 다스리는데, 이 시기를 '덴마크 왕조 시대'라고 해.

잉글랜드의 덴마크 왕조

잉글랜드의 새로운 주인이 된 앵글로·색슨족은 게르만족에서 갈라져 나온 민족이야. 잉글랜드를 공격했던 바이킹족 역시 게르만족이지. 『세상을 바꾼 혁명과 예술의 도시 파리』에서 이야기했듯이, 게르만족에 뿌리를 둔 민족이 아주 많아. 그들은 시간이 흘러 각자의 길을 가고 자기들만의 문화와 전통을 세우면서 서로 다른 민족으로 갈라졌어.

노르망디와 잉글랜드의 노르만 왕조

바이킹족은 잉글랜드만 공격한 것이 아니라 프랑스도 괴롭혔어. 이 바이킹을 따로 노르만족(Normans)이라고 부르는데, '북쪽(North) 사람(Man)'이라는 뜻이야. 오랫동안 노르만족에 시달려 온 프랑스 왕은 결국 노르만족에게 땅을 떼어 주고 프랑스의 공국(公國)으로 삼았어(911년). 공국이란 큰 나라의 왕으로부터 공(公)으로 임명된 신하가 다스리는 작은 나라를 말해. 프랑

프랑스 북부 도시 팔레즈에 있는 윌리엄 1세의 동상

왕이 기사에게 작위를 수여하는 장면을 묘사한 그림

스 왕이 노르만족에게 떼어 준 땅을 노르망디(Normandie)라고 불러. '노르만족의 땅'이라는 뜻이지. 노르망디에 자리 잡은 노르만족은 시간이 흐르면서 프랑스인으로 변했어.

공국을 다스리는 사람을 대공(大公)이라고 해. 잉글랜드에서 덴마크 왕조가 이어지던 시기에 노르망디 공국의 대공은 윌리엄이었어. 그는 일곱 살이던 1035년에 대공의 자리를 물려받았어. 윌리엄은 나이를 먹으면서 바다 건너편의 잉글랜드를 탐내기 시작했어. 그는 자신이 잉글랜드의 덴마크 왕조를 연 크누트와 마찬가지로 게르만족이자 바이킹족의 후손이기 때문에 자신에게도 잉글랜드의 왕이 될 자격이 있다고 생각했어. 오랫동안 기회를 노린 윌리엄은 1066년 드디어 잉글랜드를 공격하고 정복했어. 윌리엄을 '정복왕'이라고 부르는 이유야. 그는 잉글랜드의 왕에 올라 윌리엄 1세가 되었고 '노르만 왕조 시대'를 열었어.

여기서 한 가지 생각해 봐야 할 게 있어. 정복왕 윌리엄이 어느 나라 사람이지? 프랑스 사람이야. 프랑스 사람이 잉글랜드 왕이 되었는데, 그는 프랑스 왕의 신하인 노르망디 대공이기도 해. 그러면 잉글랜드는 프랑스 영토가 된 걸까? 반대로 프랑스에 있는 노르망디가 잉글랜드의 땅이 된 걸까?

결과부터 이야기하면 노르망디가 잉글랜드 영토가 되었어. 노르만 왕조 시대가 열리면서 잉글랜드는 프랑스에 자기 땅을 갖게 된 거야.

중세 유럽의 봉건제

프랑스 왕은 왜 자신의 신하인 윌리엄 1세의 땅을 자기 것으로 할 수 없었을까? 그 이유를 알기 위해서는 중세 유럽의 '봉건제'라는 제도를 알아야 해. 옛날에는 왕 한 사람이 나라 전체를 다스릴 수 없었어. 나라 안 구석구석까지 힘이 미치지 못했으니까. 그래서 왕은 신하들에게 땅을 나누어 주고 알아서 다스리도록 했어. 이러한 땅을 '봉토'라고 해. 봉토를 받은 신하는 왕에게 충성을 맹세했어. 신하들은 왕에게 세금을 바치고, 나라에 위험이 닥칠 때 군대를 동원하여 왕을 도와야 해.

신하는 왕으로부터 받은 봉토를 하나의 나라처럼 다스렸는데, 이를 '공국'이라고 해. 프랑스처럼 큰 나라 안에는 여러 개의 공국이 있었어. 공국의 우두머리가 대공이지? 대공 역시 혼자서 공국 전체를 다스릴 수가 없어. 그래서 대공은 자기 부하들에게 봉토를 나누어 주고 다스리도록 해. 대공으

헨리 1세

헨리 2세

로부터 봉토를 받은 신하는 영주가 되어 봉토를 다스려.

혹시 '공작, 후작, 백작, 자작, 남작'이라는 말을 들어 본 적 있니? 귀족에게 주어지는 명칭으로, 이것을 '작위'라고 해. 대공으로부터 땅을 받은 영주에게는 작위가 주어졌어. 영주는 '땅의 주인'이라는 뜻이야. 영주는 또 자기 부하인 기사들에게 봉토를 주어서 다스리도록 했어. 이렇게 '기사<영주<대공<왕'의 단계로 지배층이 형성돼. 기사-영주, 영주-대공, 대공-왕은 각각 군주와 신하의 관계를 맺지만, 기사와 영주, 대공은 자기가 다스리는 땅에서는 왕처럼 행동했고, 왕 역시 그들을 간섭하지 않았어. 프랑스의 대공인 정복왕 윌리엄은 자기 힘으로 잉글랜드를 얻었기 때문에 프랑스 왕이 왈가왈부할 수 없었던 거야.

프랑스 안의 잉글랜드 영토가 점점 커지다

윌리엄 1세에게는 아들이 셋 있었어. 그는 왕위를 둘째 아들 루퍼스에게 물려주었고, 루퍼스는 윌리엄 2세가 되었어. 장남 로버트는 노르망디 공국의 대공이 되었고, 셋째 아들 헨리는 막대한 재산을 물려받았지.

윌리엄 2세가 사냥 도중에 죽었어. 장남 로버트가 잉글랜드 왕이 되려 했지만, 헨리 역시 가만히 있지 않았어. 형제는 왕위를 놓고 싸웠어. 결국 왕관은 헨리가 차지했고, 헨리 1세가 되었어. 헨리 1세는 로버트의 땅인 노르망디까지 손에 넣으면서 강력한 왕이 되었지.

헨리 1세에게는 애지중지하던 아들이 있었는데, 그만 일찍 죽고 말았어. 왕위를 물려줄 후계자를 고민하던 그는 신성 로마 제국의 황제에게 시집갔다가 과부가 된 딸 마틸다를 불러들였어. 그러고는 프랑스의 앙주 지방을 다스리는 조프루아 플랜태저넷과 결혼시켰지. 헨리 1세가 죽은 뒤 마틸다와 조프루아 사이에 태어난 헨리가 헨리 1세를 이어 헨리 2세로 잉글랜드 왕에 올라. 이때부터 플랜태저넷 왕조가 시작돼.

헨리 2세의 아버지 조프루아 플랜태저넷은 프랑스의 앙주 지방을 다스리던 영주였잖아? 그래서 헨리 2세는 아버지의 땅을 물려받았어. 이로써 프랑스의 노르망디뿐 아니라 앙주까지 잉글랜드 영토가 되었어. 프랑스 왕은 자기 나라에서 잉글랜드 영토가 점점 커지는 것을 불만 가득한 마음으로 지켜보았을 거야. 그런데 문제는 거기서 그치지

헨리 2세 시절의 잉글랜드 영토

사자왕 리처드 1세

않았어.

당시 프랑스 왕이었던 루이 7세와 그의 왕비 엘레오노르는 사이가 좋지 않았어. 결국 두 사람은 이혼했어. 그런데 마침 프랑스 왕의 신하인 '노르망디 대공'으로서 루이 7세에게 인사하러 간 헨리 2세에게 엘레오노르가 청혼했어. 엘레오노르는 프랑스 남쪽의 넓은 땅을 가진 아버지 기욤 백작으로부터 엄청난 땅을 물려받았어. 엘레오노르와 결혼한다면 잉글랜드는 프랑스 안에서 프랑스 왕보다 더 큰 땅을 갖게 돼. 헨리 2세는 엘레오노르의 청혼을 받아들였어. 프랑스로서는 잉글랜드에 계속해서 땅을 빼앗겨서 아주 불편했을 거야. 이 일은 결국 잉글랜드와 프랑스 사이에 일어난 '백년 전쟁'의 중요한 원인이 돼.

의회 민주주의 길을 연 대헌장, 마그나 카르타

잉글랜드의 플랜태저넷 왕조를 연 헨리 2세는 1154년부터 1189년까지 35년 동안 나라를 다스리면서 영토를 크게 늘렸고 훌륭한 법과 제도를 만들어서 나라를 평화롭게 이끌었어. 헨리 2세에게는 네 명의 아들이 있었는데, 첫째와 둘째는 일찍 죽었어. 그런데 셋째 아들인 리처드가 반란을 일으켜 아버지인 헨리 2세를 내쫓고 왕위에 올라 리처드 1세가 되었어.

리처드 1세에게는 '사자왕'이라는 별명이 있어. 사자처럼 용맹하게 전쟁과 모험을 즐겼기 때문이야. 리처드 1세는 십자군 전쟁, 프랑스와의 영토 전쟁에 직접 나서기를 두려워하지 않았어. 하지만 결국 그는 전쟁터에서 입은 상처가 악화되어서 왕위에 오른 지 10년 만에 죽고 말았어(1189~1199).

리처드 1세의 뒤를 이어서 동생인 존이 왕이 되었어. 존은 아버지 헨리 2세의 큰 사랑을 받았지만, 형인 리처드 1세가 반란을 일으켰을 때 아버지를 배신했어. 잉글랜드의 귀족과 평민들도 그런 사실을 알기 때문에 존 왕은 백성들의 존경을 받지 못했어.

그동안 잠잠하던 스코틀랜드가 잉글랜드를 공격하기 시작했어. 때마침 프랑스 왕은 자기 나라에 있는 잉글랜드 영토를 빼앗으려고 했지. 존 왕은 스코틀랜드의 공격을 막고 프랑스와 전쟁을 치르기 위해 세금을 많이 걷고 귀족 영주들에게 군사를 요청했어. 하지만 존 왕을 존경하지 않았던 많은 귀족 영주들이 왕의 요청을 거절했어. 존 왕은

대헌장에 서명하는 존 왕

오늘날 영국의 국회의사당이 있는 웨스트민스터 궁전

자신을 지지하는 영주들의 군대와 함께 프랑스와 전쟁을 치렀다가 패배하여 프랑스에 있는 잉글랜드 영토를 많이 잃었어. 존 왕의 별명이 '실지왕'인데, 실지(失地)는 땅을 잃어버렸다는 뜻이야.

불만이 컸던 귀족들은 자기들끼리 힘을 합쳤어. 그들은 왕이 세금을 걷을 때는 귀족들의 동의를 구해야 하고, 왕이라고 해서 함부로 백성에게 벌을 내릴 수 없다는 내용의 문서를 만들어 왕에게 서명할 것을 요구했어. 이때 귀족들이 왕에게 내민 문서를 '대헌장' 또는 '마그나 카르타(Magna Carta)'라고 해. 귀족들의 힘에 굴복한 존 왕은 어쩔 수 없이 대헌장에 서명하고 귀족들의 요구를 받아들였어(1215년).

대헌장과 의회 민주주의

세계 역사에서 대헌장은 의미가 매우 커. 그 이유를 알아볼까?

옛날 유럽의 왕들은 힘이 아주 강했어. 유럽뿐 아니라 당시 세상의 모든 왕이 그랬지. 생명이 있든 없든 나라 안의 모든 것은 왕의 것이었어. 백성의 재산을 마음대로 빼앗을 수 있었고, 사람 목숨도 함부로 다루었어. 이렇게 왕 한 사람이 백성의 뜻과 법률을 무시한 채 멋대로 나라를 다스리는 것을 '전제 정치'라고 하고, 막강한 권력을 휘두르는 왕을 '전제 군주'라고 해. 그런데 잉글랜드에서 처음으로 귀족들이 전제 군주의 강력한 힘을 막은 거야.

여기서 '의회 민주주의'에 관해서 이야기해야 해. '민주주의'와 '의회'가 뭘까?

민주주의는 나라를 운영하는 정치에 국민이 참여하는 제도야. 하지만 국민 한 사람 한 사람이 각자 자기 의견을 낸다면 아주 혼란스럽지 않겠어? 그래서 대표를 뽑아서 국민의 뜻이 정치에 반영되도록 하는데, 바로 이 국민을 대표하는 사람의 모임이 '의회'야. 그러니까 '의회 민주주의'란 국민을 대표하는 의회를 통해 국민이 간접적으로 정치에 참여하는 제도야.

오늘날 거의 모든 나라에서는 의회 민주주의를 시행하고 있어. 하지만 의회 민주주의가 자리 잡은 일은 그리 오래되지 않았어. 그런데 800년 전에 잉글랜드에서 처음으로 의회 민주주의의 주춧돌을 놓은 거야. 물론 존 왕에게 대헌장을 내밀었던 귀족들을 당시 잉글랜드의 백성을 대표하는 사람들이라고 말할 수는 없어. 그들은 귀족의 권

시몽 드 몽포르

에드워드 3세

리를 지키기 위해 왕에게 맞섰으니까. 하지만 왕의 권력을 제한하는 대헌장을 시작으로 국민이 정치에 참여하는 범위가 커졌고, 이것이 점점 발전해서 오늘에 이르렀어.

잉글랜드 최초의 의회가 문을 열다

대헌장에 서명했던 존 왕은 이듬해인 1216년 세상을 떠나고, 아들 헨리가 왕에 올라 헨리 3세가 되었어. 헨리 3세는 대헌장을 깡그리 무시했어. 귀족들의 불만이 들끓던 중에 시몽 드 몽포르라는 프랑스 출신 귀족이 반란을 일으켰어. 그는 왕의 군대를 무찌르고 헨리 3세를 포로로 잡았어. 몽포르는 헨리 3세의 왕관을 빼앗지는 않았지만, 귀족과 성직자, 기사, 시민 등 국민을 대표하는 의회를 구성해서 나랏일을 다루도록 했어. 이로써 1265년 드디어 잉글랜드 최초의 의회가 문을 열었어. 하지만 헨리 3세의 아들 에드워드가 왕을 따르는 귀족 세력을 등에 업고 몽포르를 공격했어. 전투에서 몽포르는 죽었어.

몸이 쇠약해진 헨리 3세는 허수아비 왕으로 있다가 1272년에 죽고, 에드워드가 왕위에 올라 에드워드 1세가 되었어. 에드워드 1세는 잉글랜드 의회를 만든 몽포르와 전투를 치렀지만, 의회를 짓누르면 귀족의 반발이 커질 것이라고 생각해서 의회를 탄압하지 않았어. 이후로 왕과 의회는 비교적 좋은 관계를 유지했는데, 그 이유는 잉글랜드가 100년 넘게 프랑스와 전쟁을 치르면서 왕과 의회가 협력하지 않을 수 없었기 때문이야.

잉글랜드와 프랑스의 백 년 전쟁

원래 잉글랜드 왕은 프랑스 왕의 신하였어. 노르망디 공국의 대공이었던 윌리엄이 잉글랜드 왕(윌리엄 1세)이 되었지만, 그는 여전히 프랑스 왕의 신하였지. 그런데 이후로 프랑스 안에서 잉글랜드의 영토가 점점 커지자, 잉글랜드 왕은 자신이 프랑스 왕과 대등한 위치에 있다고 여기게 되었어. 이때부터 잉글랜드와 프랑스는 앙숙 관계가 되었지.

그러던 중 두 나라 사이에 문제가 터졌다. 1328년 프랑스 왕 샤를 4세가 죽었는데, 엉뚱하게도 잉글랜드 왕 에드워드 3세(에드워드 1세의 손자)가 프랑스 왕이 되겠다고 나선 거야. 에드워드 3세의 주장이 영 억지스러운 것만은 아니었어. 샤를 4세에

백 년 전쟁 중에 일어난 크레시 전투를 묘사한 그림. 석궁을 든 병사들의 모습이 눈에 띈다.

게는 아들이 없었어. 그리고 에드워드 3세의 어머니는 프랑스 왕 필리프 4세(샤를 4세의 아버지)의 딸로 태어나 에드워드 2세(에드워드 3세의 아버지)의 왕비가 되었거든. 그러니까 에드워드 3세는 샤를 4세의 조카인 거야. 하지만 프랑스는 에드워드 3세의 주장을 받아들이지 않았어. 프랑스는 왕위 계승에 관하여 프랑크족으로부터 내려온 살리카 법을 따랐는데, 이 법에 의하면 프랑크족 왕의 딸과 그 자손은 왕이 될 수 없어. 그러니 에드워드 3세에게도 자격이 없는 거야.

에드워드 3세는 프랑스의 결정을 받아들였어. 그런데 프랑스의 새로운 왕이 된 필리프 6세가 프랑스에 있는 에드워드 3세 소유의 땅을 빼앗으면서 다시 갈등이 불거졌어. 에드워드 3세는 프랑스로 쳐들어갔어. 이렇게 해서 100년 넘게 이어진 백 년 전쟁(1337~1453)이 시작되었어.

잉글랜드는 인구수나 군사력에서 프랑스의 상대가 안 되었지만, 석궁이라는 새로운 무기를 앞세워 계속 승리했고 파리까지 점령했어. 이대로 가면 프랑스는 잉글랜드에게 완전히 먹힐 수밖에 없었어. 하지만 1429년 열여섯 살의 여성 전사 잔 다르크가 등장하면서 전세가 역전되었어. 잔 다르크의 탁월한 지도력과 용기에 힘을 얻은 프랑스인은 잉글랜드 군대를 물리치고 결국 전쟁을 승리로 이끌었어.

백 년 전쟁에서 진 잉글랜드는 프랑스에 있던 거의 모든 영토를 잃었어. 뿐만 아니라 오랜 시간 전쟁을 치르며 힘을 소모한 탓에 국력이 약해졌어. 특히 백 년 전쟁에 거의 모든 재산과 군사를 쏟아부은 귀족 세력이 크게 약해졌지. 그런데 이게 끝이 아니었어. 잉글랜드 왕위를 놓고 랭커스터 가문과 요크 가문 사이에 전쟁이 일어난 거야. 1455년부터 1485년까지 30년 동안 이어진 이 내전을 '장미 전쟁'이라고 해.

장미 전쟁과 튜더 왕조

백 년 전쟁을 치르는 동안 잉글랜드의 왕위는 플랜태저넷 왕조에서 랭커스터 가문으로 넘어갔어. 랭커스터 가문의 마지막 왕인 헨리 6세 시절(재위 : 1422년~1461년)에 백 년 전쟁은 잉글랜드의 패배로 끝났지. 프랑스에 있던 영지를 잃은 잉글랜드 귀족 영주들은 세력이 강한 요크 가문에 붙었어. 요크 가문은 자기네 세력이 점점 커지자 왕관을 쥐고 있는 랭커스터 가문에 도전했어. 이렇게

랭커스터 가문과 요크 가문의 대립을 묘사한 그림

잉글랜드 사회의 새로운 계층이 된 젠트리

해서 1455년의 첫 전투를 신호탄으로 장미 전쟁이 시작되었어.

그런데 왜 '장미' 전쟁일까? 유럽의 힘이 강한 가문은 자기네를 상징하는 표식을 만들었는데, 이를 문장(紋章)이라고 해. 랭커스터 가문은 빨강 장미를, 요크 가문은 하양 장미를 문장으로 썼기 때문에 이런 이름이 붙은 거야.

장미 전쟁은 1461년 요크 가문의 에드워드가 왕위에 올라 에드워드 4세가 되면서 끝나는 듯했어. 하지만 이후로도 랭커스터 가문의 저항이 계속되었어. 게다가 에드워드 4세의 뒤를 이어 그의 어린 아들이 에드워드 5세에 올랐지만, 에드워드 4세의 동생인 리처드가 에드워드 5세를 몰아내고 리처드 3세에 오르면서 요크 가문 사람들의 반발을 샀어. 이처럼 혼란스러운 상황에서 리처드 3세에게 불만을 품은 요크 가문 사람들과 프랑스의 지원을 받은 헨리 튜더가 1485년 전투에서 리처드 3세를 죽이고 왕위에 올라 튜더 왕조를 열었어. 이로써 장미 전쟁도 끝났어.

전쟁의 승자는 누구일까? 헨리 튜더가 랭커스터 가문의 외가 쪽 혈통이니까 랭커스터 가문이 이겼다고 볼 수도 있어. 헨리 튜더는 요크 가문의 왕이었던 에드워드 4세의 딸과 결혼해서 두 가문의 화합을 이루었어. 랭커스터 가문도 요크 가문도 절반의 성공을 거둔 셈이지.

튜더 왕조의 절대 군주 시대

헨리 튜더(헨리 7세)가 왕위에 오르면서 잉글랜드에서는 튜더 왕조가 시작되었어. 혹시 왕조(王朝)가 무슨 말인지 아니? 같은 가문에서 계속해서 왕이 나올 때 그 가문을 특별히 왕조라고 말해. 예를 들어 A라는 가문에서 계속해서 여섯 명의 왕을 배출했다면, 그 여섯 명의 왕을 묶어서 'A 왕조'라고 말하는 거야.

튜더 왕조의 왕들은 잉글랜드의 그 어떤 왕들보다 강한 권력을 누렸어. 백 년 전쟁과 장미 전쟁을 치르는 동안 귀족 세력이 크게 약해졌기 때문이야. 왕은 힘이 약한 귀족들의 눈치를 보지 않고 마음대로 나라를 다스렸어.

귀족의 수가 줄어든 바람에 새롭게 생겨난 사회 계층이 있어. 그들은 돈을 많이 벌어들인 상인, 학문을 연구한 지식인, 넓은 땅을 가진 농장의 주인 등이었는데, 이 사람들을 젠트리(gentry)라고 불러. 이 책의 29페이지에 간략하게 설명이 나와 있

헨리 8세

엘리자베스 1세

어. 젠트리는 귀족과 평민의 중간에 위치했는데, 훗날 이 젠트리 계층이 의회의 다수를 차지하면서 귀족 중심이었던 잉글랜드 의회의 성격이 변화하게 돼.

하지만 튜더 왕조 시대에는 의회가 힘을 발휘하지 못했어. 왕의 힘이 워낙 강했기 때문이야. 헨리 7세의 아들 헨리 8세는 왕비와 이혼하고 싶었지만 로마 가톨릭교의 교황이 허락하지 않자, 국교회(성공회)라는 독립된 종교를 만들었어. 그러고는 국민에게 국교회로 종교를 바꿀 것을 강요했어. 당시 유럽에서는 대부분의 사람이 가톨릭이나 신교를 믿었는데, 헨리 8세는 종교를 바꾸지 않는 수많은 사람을 죽음으로 내몰았어.

헨리 8세의 어린 아들이 에드워드 6세에 올랐지만 6년 만에 병으로 세상을 떠났어. 이어서 헨리 8세의 딸인 메리가 왕에 올랐어. 그녀는 외할아버지와 어머니의 종교인 가톨릭을 믿었어. 그래서 이번에는 국교회 신자들이 탄압을 받았어. 메리 여왕(메리 1세)은 사람을 하도 많이 죽여서 '피의 메리(Bloody Mary)'라고 불러.

메리 1세의 뒤를 이어서 그녀의 동생인 엘리자베스 1세가 왕위에 올랐어. 메리 1세는 헨리 8세가 이혼하고 싶어 했던 캐서린에게서 태어났고, 엘리자베스 1세는 헨리 8세가 이혼하고 새로 맞아들인 앤 불린에게서 태어났어. 두 사람은 자매지만, 어머니가 달라.

엘리자베스 1세는 아버지의 영향으로 독실한 국교회 신자였어. 그래서 이번에는 또 가톨릭 신자들이 탄압을 받아야 했지. 하지만 엘리자베스 1세는 잉글랜드를 아주 강한 나라로 만들었어. 특히 해군을 크게 키워 당시 바다를 지배하고 있던 에스파냐(스페인)의 무적함대를 무너뜨리기도 했어. 잉글랜드는 바다의 강자가 되었고, 이를 바탕으로 세계 각지에 식민지를 개척할 수 있었어. 엘리자베스 1세의 노력으로 인해 훗날 영국은 세계의 모든 대륙과 구석구석에 식민지를 거느린 '해가 지지 않는 나라' 대영 제국을 건설할 수 있었어.

1603년 엘리자베스 1세가 세상을 떠났어. 평생 결혼을 하지 않았기 때문에 그녀에게는 자식이 없었어. 그럼 누가 잉글랜드 왕이 되지? 엘리자베스 1세는 죽기 전에 스코틀랜드 왕인 제임스 스튜어트(제임스 6세)를 후계자로 지명했어. 잉글랜드의 적이나 다름없는 스코틀랜드의 왕이 잉글랜드 왕이 된다고? 그 이유는 곧 설명해줄게. 아무튼 이렇게 해서 잉글랜드에서는 튜더 왕조가 문을 닫고 새롭게 스튜어트 왕조가 시작되었어.

제임스 1세

백마를 탄 올리버 크롬웰

권리 청원과 청교도 혁명

튜더 왕조를 연 헨리 7세에게는 자식이 여럿 있었는데, 둘째 아들은 잉글랜드 왕 헨리 8세가 되었고, 첫째 딸인 마거릿은 잉글랜드와 사이가 좋지 않은 스코틀랜드의 왕 제임스 4세의 왕비가 되었어. 두 나라의 평화를 위해 스코틀랜드의 왕과 잉글랜드 왕의 딸이 결혼을 한 거야.

이후 스코틀랜드에서는 마거릿과 제임스 4세 사이에 태어난 아들이 왕에 올라 제임스 5세가 되었고, 그 뒤를 이어 제임스 5세의 딸 메리 스튜어트가 여왕이 되었어. 엘리자베스 1세가 잉글랜드 왕으로 지목한 제임스 6세는 메리 스튜어트의 아들이야. 잉글랜드 여왕 엘리자베스 1세와 스코틀랜드 여왕 메리 스튜어트는 서로 친척(5촌)이었어. 그래서 엘리자베스 1세는 죽기 전에 메리 스튜어트의 아들을 잉글랜드 왕으로 지목한 거야. 이로써 제임스 스튜어트는 '스코틀랜드 왕 제임스 6세'이자 동시에 '잉글랜드 왕 제임스 1세'가 되었어.

엘리자베스 1세가 정치를 잘한 덕분에 잉글랜드는 아주 강력한 부자 나라가 되었어. 그래서 잉글랜드 국민은 제임스 1세에게도 큰 기대를 걸었어. 하지만 제임스 1세는 사치가 심해서 국가의 재산을 축내고 가톨릭과 국교회 사이에서 갈팡질팡한 탓에 국민의 신임을 잃었어. 그러다가 1625년 세상을 떠났어.

뒤를 이어 제임스 1세의 아들이 왕위에 올라 찰스 1세가 되었어. 제임스 1세가 국민의 신임을 잃은 탓에 찰스 1세는 왕위에 오를 때부터 환영받지 못했어. 그런데도 찰스 1세는 계속해서 의회와 국민을 무시했어. 참다못한 의회는 1628년 찰스 1세에게 '권리 청원'을 내밀었어. 권리 청원은 1215년에 귀족 대표들이 존 왕의 서명을 받아냈던 대헌장(마그나 카르타)에서 한층 발전한 법으로, 왕의 권한을 크게 제한하는 내용을 담고 있었어.

옥신각신하던 왕과 의회는 결국 충돌하고 말았어. 왕을 지지하는 왕당파와 의회를 지지하는 의회파가 군대를 내세워 전투를 치른 거야. 처음에는 왕의 군대가 유리했지만, 올리버 크롬웰이라는 사람이 이끈 의회파 군대에 의해 왕당파 군대는 패배했어. 그러자 찰스 1세는 적이나 다름없는 스코틀랜드로 도망쳤다가 다시 잉글랜드로 붙잡혀 와. 결국 찰스 1세는 1649년 사형을 선고받고 처형되었어.

잉글랜드에서 왕이 없어졌어. 그럼 누가 나라를 다스리지? 올리버 크롬웰이 권력을 잡고 의회와

청교도를 묘사한 그림

제임스 2세

함께 나라를 다스렸어. 이런 정치 형태를 공화정이라고 해. 왕 한 사람이 나라를 통치하는 것은 왕정이라고 하지. 잉글랜드는 잠시 왕이 없는 공화정 시대를 보냈어.

잉글랜드 국민이 찰스 1세에 대항하고 그를 끌어내린 이 사건을 '청교도 혁명'이라고 해. 청교도가 뭘까? 헨리 8세가 자신의 이혼을 인정하지 않은 교황에게 반박하여 국교회를 만들기 전에 유럽에서는 종교 개혁이 일어났어. 1517년 마르틴 루터가 가톨릭 성직자들의 잘못을 고발하면서 시작되었지. 유럽의 많은 사람들이 이에 동조했고, 가톨릭에 대항한 새로운 종교가 생겨났는데, 이를 신교(新敎)라고 해. '새로운 종교'라는 뜻이야. 이에 반해 가톨릭은 구교(舊敎), 즉 '오래된 종교'가 돼. 잉글랜드에도 신교가 스며들었고, 많은 사람이 따랐어. 그러던 중에 헨리 8세가 국교회를 세운 거야. 신교를 믿는 잉글랜드 사람들은 국교회에 대항하여 새로운 종파를 만들었는데, 이 종교를 믿는 사람들이 바로 '청교도'야. 찰스 1세를 몰아낸 사건을 청교도 혁명이라고 부르는 이유는 당시 청교도가 중심이 되어 왕의 군대에 맞서 싸웠기 때문이야. 청교도는 나중에 아메리카로 건너가서 미국을 개척하는 중요한 역할을 하게 돼.

명예혁명과 권리 장전

왕이 사라지자 권력을 잡은 올리버 크롬웰이 전제 군주처럼 독재 정치를 했어. 그러자 잉글랜드 국민은 크롬웰과 의회에 등을 돌렸어. 1658년 크롬웰이 죽자, 잉글랜드 국민은 왕을 원했고, 프랑스로 달아났던 찰스 1세의 아들이 돌아와 찰스 2세에 올랐어.

찰스 2세가 나라를 잘 다스렸다면 좋았겠지만 그렇지 못했어. 의회와 국민을 무시한 채 제멋대로 했어. 찰스 2세가 이렇게 행동할 수 있었던 것은 크롬웰의 독재로 인해 국민들이 의회의 역할에 대해서 의문을 품었기 때문이야. 국민은 왕도 믿을 수 없고 의회에 기댈 수도 없는 불행한 시간을 보내야 했어.

찰스 2세가 나이를 먹어감에 따라 후계자 문제가 떠올랐어. 찰스 2세의 아들 제임스는 왕이 모든 것을 지배해야 한다고 믿는 사람으로, 찰스 2세보다 더한 독재자가 될 가능성이 컸어. 또 다시 의회와 국민은 두 패거리로 나뉘었어. 제임스의 왕위 계승을 반대하는 목소리가 컸지만 전통을 중시하는 잉글랜드 사람들은 결국 제임스를 왕으로 인정했고, 그는 제임스 2세가 되었어.

잉글랜드에 도착하는 메리 2세와 윌리엄 3세

리버풀과 맨체스터 사이를 오가는 세계 최초의 열차

하지만 걱정하던 일이 현실로 나타났어. 잉글랜드의 군사력을 키우겠다며 왕의 군대를 양성하고 정부의 중요한 자리에 자신과 가까운 사람을 앉히는 등의 횡포를 일삼은 거야. 결국 의회는 제임스 2세를 쫓아내기로 했어. 그럼 누구를 왕으로 세우지? 선택은 제임스 2세의 큰딸 메리였어. 그녀는 네덜란드 총독 빌럼에게 시집갔는데, 잉글랜드 국민의 부름을 받고 남편과 함께 잉글랜드로 향했어. 제임스 2세는 프랑스로 쫓겨나고, 1688년 메리는 남편과 함께 공동 왕으로 왕위에 올라 각각 메리 2세와 윌리엄 3세가 되었어. 이렇게 아무도 피를 흘리지 않고 군주를 바꾸었다고 해서 이 일을 '명예혁명'이라고 해.

1689년 잉글랜드 의회는 다시는 왕이 국민과 의회를 무시하거나 억압하지 못하도록 '권리 장전'이라는 강력한 법을 만들었어. 권리 장전은 왕이 할 수 있는 일과 해서는 안 되는 일을 법으로 정한 문서야. 메리 2세와 윌리엄 3세는 의회가 내민 이 법안에 서명했어.

이로써 잉글랜드는 입헌 군주제 국가가 되었어. 입헌 군주제에서 왕의 위치를 설명하는 말이 있어. "군림하되 통치하지 않는다." 왕은 국가의 군주로 어느 국민보다 높은 위치에 있지만, 정해진 법에 따라 실질적인 통치는 국민을 대표하는 의회가 한다는 뜻이야.

근대 민주주의를 연 영국의 힘

의회 민주주의가 완전히 자리 잡기까지는 이후로도 많은 일을 겪어야 했지만, 지금 영국은 그 어느 나라보다 의회 민주주의가 성숙한 나라야. 왕은 일반 국민보다는 훨씬 많은 권한을 누리지만, 국가의 정책 결정에는 나서지 않아. 정치는 국민의 대표인 의회가 하고, 의회가 선출한 총리가 국가의 최고 지도자가 되는 거야.

영국은 바다 건너 유럽의 다른 나라들이 서로 전쟁을 하느라 힘을 소모하고 있을 때 안정된 정치를 바탕으로 힘을 키웠고, 산업 혁명을 통해 비약적인 발전을 이루었어. 그리고 그 힘으로 전 세계를 누비며 식민지를 개척하여 대영 제국을 이룩했어. 민주주의를 처음 시작한 이들은 고대 그리스와 로마 사람들이었지만, 영국은 한층 발달한 의회 민주주의를 정착시켜 세계 정치의 모범을 보였어. 그리고 런던은 근대 정치의 중심지로 기억되고 있어.

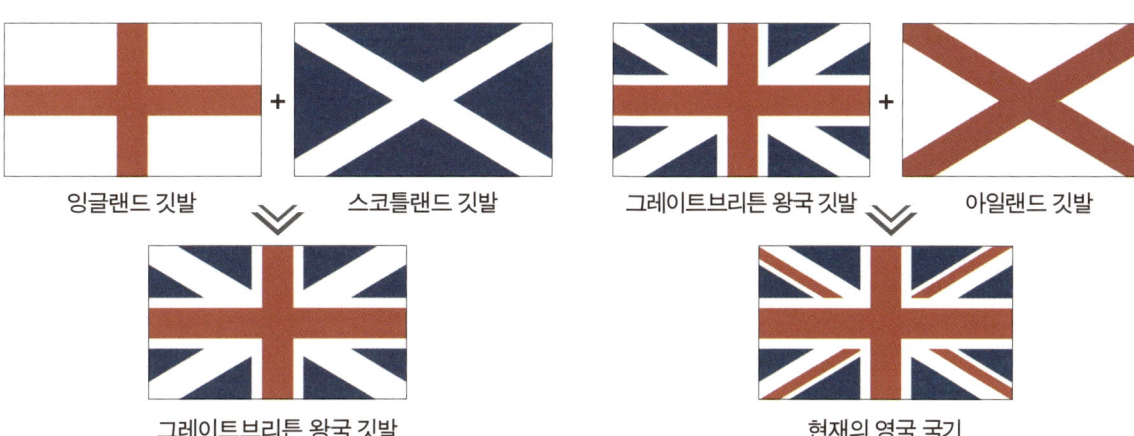

잉글랜드 깃발 + 스코틀랜드 깃발
그레이트브리튼 왕국 깃발

그레이트브리튼 왕국 깃발 + 아일랜드 깃발
현재의 영국 국기

아일랜드와 북아일랜드 그리고 영국

웨일스의 켈트족은 앵글로·색슨족에 저항했지만 랭커스터 가문이 배출한 왕 헨리 4세 시절(재위 : 1399년~1413년)에 잉글랜드에 완전히 항복했어. 헨리 4세는 웨일스를 잉글랜드의 공국으로 삼고, 자신을 이어 왕이 될 왕자에게 '웨일스의 대공'이라는 직책을 주었어. 이때부터 영국에서는 현재의 왕을 이어 다음 왕이 될 왕자가 웨일스의 대공을 맡는 전통이 생겨났어.

잉글랜드에 끝까지 저항했던 스코틀랜드는 1707년에 잉글랜드에 무릎을 꿇었어. 이로써 잉글랜드와 스코틀랜드, 웨일스가 합쳐진 그레이트브리튼 왕국(영국)이 탄생했어.

이제 바다 건너편의 북아일랜드가 영국이 된 이유도 알아봐야겠지? 아일랜드는 오랫동안 잉글랜드의 식민지였어. 아일랜드는 나라의 독립을 지키기 위해 노력했지만, 땅이 척박해서 농사를 짓기에 어렵고 인구수도 적은 아일랜드는 잉글랜드의 적수가 될 수 없었어. 특히 북아일랜드 지역의 저항이 거셌는데, 잉글랜드는 북아일랜드의 켈트족을 몰아내고 그곳에 앵글로·색슨족을 이주시켰어.

19세기 초에 잠깐 영국과 아일랜드가 합쳐진 연합 왕국이 만들어지기는 했지만, 이 연합 왕국은 영국과 아일랜드 양쪽을 오히려 힘들게 만들었기 때문에 곧 깨졌어. 게다가 엄청난 기근이 발생한 탓에 200만 명 이상의 국민이 아일랜드를 떠나기도 했어.

1900년대 들어 아일랜드에서는 영국의 손아귀에서 벗어나기 위한 독립 운동이 점점 심해졌어. 앵글로·색슨족이 다수를 차지하는 북아일랜드는 독립을 반대했기 때문에 아일랜드는 남과 북으로 나뉘게 되었어. 1921년에 남아일랜드는 오늘날의 아일랜드로 자유 국가가 되었고, 북아일랜드는 영국에 속하게 된 거야. 하지만 북아일랜드의 켈트족 후손들은 여전히 영국을 자신의 나라로 인정하지 않고 있어. 때문에 여러 가지 폭력 사태가 일어나기는 했지만, 지금은 비교적 안정을 찾았어.

자, 영국에 관한 이야기는 여기까지야. 아직 들려주고 싶은 이야기가 많지만, 그렇게 하려면 이 책 한 권을 다 채워도 모자랄 거야. 기억할 것은 영국이 어떤 과정을 거쳐 오늘날의 정치 선진국이 되었나 하는 점이야. 정치는 정치인이 하는 게 아니라 국민이 하는 거란다. 그러기 위해서는 우리를 대표할 정치인을 잘 뽑아야 해. 이 점을 함께 깊이 생각하면서 이만 이야기를 마칠게.

| 런던 여행을 마치며

 런던 여행은 어땠니? 런던이 워낙 넓어서 다 둘러보지 못한 점은 아쉽지만, 그래도 이만 하면 영국과 런던에 대해서 웬만큼은 알게 되었을 거야.
 런던을 여행하고 난 뒤에 가장 기억에 남는 것은 무엇이니? 템스강변에 있는 웨스트민스터 궁전과 런던 아이를 비롯하여 도시 곳곳의 오래된 건물과 세계적인 박물관, 미술관은 계속 기억에 남을 것 같아.
 하지만 난 무엇보다도 런던 사람들이 이룩한 '정치'를 가장 오랫동안 기억하지 않을까 싶어. 강력한 힘을 바탕으로 백성 위에 군림하던 왕의 권한을 제한하고, '국민'이라는 존재의 중요성을 드러냄으로써 영국과 런던은 세계의 정치를 새로운 방향으로 이끌었어. 오늘 우리가 왕이 지배하는 세상이 아니라, 국민이 주인이 된 나라에서 살게 된 건 민주주의가 발달했기 때문이야. 그리고 이런 세상을 만든 출발점에 런던 사람들이 있었어.
 섬나라 영국에서 일어난 의회 민주주의와 입헌 군주제는 바다를 건너 유럽의 여러 나라에 퍼

졌어. 황제와 왕이 세상의 주인인 줄 알았던 유럽 사람들은 한 나라를 구성하고 있는 '국민'이라는 거대한 존재를 깨닫게 되었지. 그래서 프랑스 혁명(1787년)을 시작으로 유럽 대륙에서도 왕과 귀족 중심의 세상을 무너뜨리기 위한 투쟁이 시작되었어.

젠트리를 기억하니? 이들의 신분은 귀족과 평민 사이에 위치했어. 프랑스에서는 젠트리와 비슷한 '부르주아'라는 계층이 나타나서 혁명을 이끌었어. 그리고 세상을 바꾸려는 젠트리와 부르주아의 의지와 노력이 일반 국민에게도 골고루 퍼져 나감으로써 민주주의가 서서히 자리 잡을 수 있었던 거야.

그래, 맞아. 세상을 좀 더 나은 곳으로 만드는 일은 특별히 대단한 사람이 하는 것이 아니라, 우리 한 사람 한 사람의 노력이 더해져서 이루어지는 거야. 이것이 영국과 런던의 역사가 우리에게 주는 교훈이란다.

그럼 다음에 여행할 바르셀로나에서 만날 것을 기대할게. 안녕.

다음 여행지 안내

우리가 함께 떠날 다음 도시는 스페인의 바르셀로나야.
지중해의 낭만과 예술이 어우러진 아주 멋진 도시란다.
우리 앞에 어떤 일들이 놓여 있을지 궁금하지 않니?
그럼 바르셀로나에서 만나.